PRÉCIS

DE GÉOGRAPHIE

ANCIENNE ET MODERNE COMPARÉE.

PREMIÈRE PARTIE.

GÉOGRAPHIE ANCIENNE.

CONSEIL DE L'INSTRUCTION PUBLIQUE.

Extrait des procès-verbaux du Conseil de l'Instruction publique.

(Séance du 10 novembre 1823.)

LE CONSEIL ARRÊTE CE QUI SUIT :

Le *Précis de Géographie ancienne et moderne comparée*, par M. ANSART, sera mis au nombre des livres classiques.

Le Grand Maître,
Signé † DENIS, *Évêque d'Hermopolis.*

Le conseiller Secrétaire général,
Signé PETITOT.

Les deux exemplaires voulus par la loi ayant été déposés à la Direction de l'Imprimerie, je poursuivrai, suivant la rigueur des lois, tout contrefacteur ou débitant d'édition contrefaite.

Sera réputé contrefait tout exemplaire qui ne sera pas revêtu des griffes de MM. ANSART et CH. FOURAUT.

Paris.—Imp. de Mᵐᵉ Vᵉ DONDEY-DUPRÉ, rue St-Louis, 46, au Marais.

PRÉCIS
DE GÉOGRAPHIE

ANCIENNE ET MODERNE COMPARÉE,

RÉDIGÉ

POUR L'USAGE DES COLLÉGES ET DE TOUTES LES MAISONS
D'ÉDUCATION,

Ouvrage renfermant tous les détails
qui peuvent faciliter l'étude de l'Histoire et l'intelligence
des auteurs classiques,

ACCOMPAGNÉ D'UN ATLAS ANCIEN ET MODERNE,

PAR

FÉLIX ANSART,

Docteur ès lettres et Bachelier ès sciences,
ancien inspecteur de l'Académie de Caen, Membre de la Commission centrale
de la Société de Géographie et de la Société de l'Histoire de France.

ADOPTÉ PAR LE CONSEIL DE L'INSTRUCTION PUBLIQUE.

———

PRÉCIS DE GÉOGRAPHIE ANCIENNE.

Vingt-deuxième Edition.

———

PARIS

LIBRAIRIE ECCLÉSIASTIQUE ET CLASSIQUE
DE CH. FOURAUT

(Ancienne maison Ed. Tetu et Cⁱᵉ),

RUE SAINT-ANDRÉ-DES-ARTS, Nᵒ 47.

—

1851

TABLEAU

DES CARTES CONTENUES DANS L'ATLAS.

Première partie. CARTES ANCIENNES.

1. MONDE CONNU DES ANCIENS.
2. ÉGYPTE avec la terre de Chanaan, *plan d'Alexandrie.*
3. PALESTINE, avec la] *Phénicie, la Cœlé-Syrie et un plan de Jérusalem.*
4. EMPIRE DES PERSES et *retraite des Dix mille.*
5. GRÈCE au temps de la guerre de Troie, et à l'époque des guerres médiques, avec la *Macédoine* sous Philippe II.
6. EMPIRE D'ALEXANDRE.
7. ITALIE à l'époque de la fondation de Rome ; *Italie centrale ;* vieux *Latium* et *plan de Rome* sous Auguste.
8. THÉATRE DES GUERRES PUNIQUES ; *plans de Carthage — côtes d'Afrique* pour l'expédition d'Hannon.
9. GAULE, ses populations primitives —au temps de sa conquête, par Jules César, — et vers la fin du quatrième siècle.
10. ITALIE sous Auguste, et GRÈCE sous la domination romaine.
11. ASIE occidentale.
12. EMPIRE ROMAIN sous Dioclétien.
13. PLANS D'ATHÈNES et des champs de bataille de *Marathon,* des *Thermopyles,* de *Platée* et de *Salamine.*

Seconde partie. CARTES MODERNES.

1. MAPPEMONDE.
2. EUROPE.
3. ASIE.
4. AFRIQUE.
5. AMÉRIQUE DU NORD.
6. AMÉRIQUE DU SUD.
7. OCÉANIE.
8. FRANCE.
9. ALGÉRIE et COLONIES FRANÇAISES.
10. EUROPE CENTRALE, *Confédération germanique.*
11. ILES BRITANNIQUES.
12. DANEMARK, SUÈDE et NORVÈGE.
13. RUSSIE D'EUROPE et POLOGNE.
14. BELGIQUE et BAYS-BAS.
15. SUISSE.
16. ESPAGNE et PORTUGAL.
17. ITALIE.
18. TURQUIE D'EUROPE et GRÈCE, plan de *Constantinople.*
19. TURQUIE D'ASIE, *Egypte, Arabie, Perse, Afghanistan, Beloutchistan,* et parties du *Turkestan* et de l'*Abyssinie.*
20. ÉTATS-UNIS D'AMÉRIQUE, *Canada* et partie du *Mexique.*
21. COSMOGRAPHIE.

Prix de cet Atlas : 1 vol. in-folio, sur papier vélin, cartonné avec soin. 10 fr.

On vend séparément :
{ La 1re partie (cours de 6e, 5e et 4e), 1 vol. in-4e cart. 5 f. 50 c.
{ La 2e partie (cours de 7e et 8e), 1 vol. in-4°, cart. 7 f.

On trouve à la Librairie classique de CH. FOURAUT, *les Ouvrages suivants du même auteur.*

PETIT ATLAS HISTORIQUE ET GÉOGRAPHIQUE ANCIEN ET MODERNE, composé de 40 cartes, 1 vol. in-8° cartonné avec soin. 7 fr.

Cet Atlas est divisé en trois parties qui se vendent aussi séparément.

1re PARTIE. *Histoire Ancienne et Histoire Romaine,* 12 cartes, 1 vol. gr. in-8°, cartonné. 2 fr. 50 c.

2e PARTIE. *Histoire du Moyen âge, Histoire Moderne et Histoire de France,* 12 cartes, 1 vol. gr. in-8°, cartonné. 2 fr. 50 c.

3e PARTIE. *Géographie contemporaine,* 16 cartes ; 1 vol. gr. in-8° cart. 2 fr. 50 c.

Chaque partie *avec cartes muettes,* gr. in-8°, cartonné. 3 fr. 50 c.

ATLAS ÉLÉMENTAIRE DE GÉOGRAPHIE MODERNE, à l'usage des Écoles primaires et des Classes élémentaires, 1 vol. in-8°, contenant 8 cartes, cartonné. 1 fr. 50 c.

— *Le même* avec les 8 cartes muettes, in-8°, cartonné. 3 fr.

— *Le même* Atlas élémentaire augmenté de 8 Tableaux de texte explicatif, 1 vol. in-4° oblong, cartonné. 1 fr. 75 c.

PETITE HISTOIRE DE FRANCE, à l'usage des Écoles primaires, nouvelle édition avec questionnaires et 2 cartes géographiques ; *Ouvrage autorisé par l'Université,* 1 vol. in-18, cartonné. 75 c.

PETITE HISTOIRE SAINTE, à l'usage des Écoles primaires et des Classes élémentaires des Collèges, *Ouvrage approuvé par plusieurs Prélats et autorisé par l'Université ;* 1 vol. in-18, cartonné. 75 c.

VIE DE N.-S. JÉSUS-CHRIST, suivie d'un Précis de la Doctrine chrétienne ; *Ouvrage revêtu des mêmes approbations que le précédent ;* 1 vol. in-18, cart. 75 c.

GÉOGRAPHIE ANCIENNE

COMPARÉE.

Limites et Divisions du Monde ancien.

1. L'ancien continent renfermait toutes les connaissances géographiques des Anciens. Ils le divisaient, comme nous, en trois parties, savoir : l'*Europe*, l'*Asie*, et l'*Afrique;* mais il s'en fallait bien qu'ils en connussent toute l'étendue[*].

En Europe, la mer Baltique, au N., et l'Elbe, à l'E., bornaient les pays qui leur étaient réellement connus; car ils prenaient la Scandinavie pour une île, et savaient à peine le nom de la plus grande partie des peuples de la Germanie et de la Sarmatie. Ce ne fut même qu'après les expéditions des Romains qu'ils eurent des notions certaines sur les Gaules et la Bretagne.

En Asie, leurs connaissances, bornées au S. par l'Océan, s'étendaient un peu au N. de la mer Caspienne, et avaient pour bornes, au N. E., une ligne tirée de l'extrémité N. E. de cette mer au fond du *Grand Golfe* (golfe de Siam); encore ces limites renferment-elles, au N. et à l'E., des pays qui, tels que la Scythie et l'Inde, ne leur étaient presque connus que de nom, surtout avant l'expédition d'Alexandre.

En Afrique, ils ne connaissaient bien que les côtes de la Méditerranée, et avaient pénétré fort peu dans l'intérieur. Hérodote assure cependant que des Phéniciens avaient fait, sous le roi d'Égypte Néchao, le tour de cette vaste presqu'île. Quant à l'*Amérique*, dans laquelle quelques auteurs ont voulu retrouver l'*Atlantide* de Platon, il est bien certain qu'elle leur fut toujours entièrement inconnue.

---

[*] Consulter, dans mon *Atlas à l'usage des colléges*, la carte du Monde connu des anciens.

MERS CONNUES DES ANCIENS. [*]

2. MERS EXTÉRIEURES. — L'opinion que l'Océan était un grand fleuve qui fait le tour du monde remonte à une haute antiquité ; cependant les Grecs et les Romains ne connurent que trois des quatre mers Extérieures qui entourent le globe, et auxquelles ils donnaient les noms suivants : savoir : 1° l'Océan Atlantique, *Oceanus Atlanticus*, à l'O. ; 2° l'Océan Hyperborée, *Oceanus Hyperboreus*, au N., dans lequel ils ne tentèrent jamais de pénétrer, supposant que les eaux en étaient toujours glacées : d'où vient qu'ils lui donnaient quelquefois aussi le nom de *mare Pigrum*, mer Paresseuse ; 3° l'Océan Érythrée ou mer des Indes, *Oceanus Erythræus* ou *Indicum mare*, au S. de l'Asie ; 4° enfin, l'Océan Oriental, *Oceanus Orientalis*, dont le nom seul leur était connu.

3. MERS QU'ELLES FORMENT. — Les trois premiers océans que nous venons de nommer formaient plusieurs mers particulières, savoir :

1° L'OCÉAN ATLANTIQUE (qui conserve son nom) formait : — la mer de Calédonie, *Caledonium mare* (la mer d'Écosse), au N. du pays dont elle portait le nom ; — l'Océan Septentrional ou Germanique, *Oceanus Septentrionalis* ou *Germanicus* (mer du Nord ou d'Allemagne), entre la Bretagne, à l'O., la Chersonèse Cimbrique (Jutland), à l'E., et la Germanie (Allemagne et Pays-Bas), au S. ; — le détroit de Gaule, *Fretum Gallicum* (Pas-de-Calais), entre la Bretagne et la Gaule (France), et qui fait communiquer l'Océan Germanique avec l'Océan Britannique, *Oceanus Britannicus* (la Manche), qui sépare aussi la Bretagne de la Gaule ; — la mer d'Hibernie, *Hibernicum mare* (la mer d'Irlande), et la mer Verginienne ou du Couchant, *Verginium mare* (le canal de Saint-Georges), entre l'Hibernie (Ir-

---

lande) et la Bretagne ; — l'Océan Aquitanique ou Cantabrique, *Oceanus Aquitanicus* ou *Cantabricus* (golfe de Gascogne ou de Biscaye), entre les côtes de l'Aquitaine, province méridionale de la Gaule, et celle qu'habitaient les Cantabres, au N. de l'Espagne ; — l'Océan Éthiopien, *Oceanus Æthiopicus*, qui baignait la côte occidentale de l'Afrique.

2° L'OCÉAN HYPERBORÉE (Océan Glacial Arctique), appelé par les Cimbres, qui en habitaient les bords, *Mori-Marusa*, nom qui signifie *mer morte*, était regardé comme donnant naissance au grand golfe appelé *Codanus sinus* (la Baltique.) La partie de ce vaste golfe, située entre l'embouchure de l'Elbe et celle de la Vistule, était plus particulièrement désignée sous le nom de mer des Suèves, *Suevicum mare*, du peuple qui en habitait les bords ; et la partie orientale, sous celui d'Océan Sarmatique, *Sarmaticus Oceanus*, parce qu'elle baignait les côtes de la Sarmatie. Nous savons aujourd'hui que ce prétendu golfe forme une mer intérieure qui communique, non avec la mer Glaciale, mais avec celle du Nord, par le détroit nommé, sur d'anciennes cartes, *sinus Codani Fauces* (Skager-Rack et Cattégat).

3° L'OCÉAN ÉRYTHRÉE OU MER INDIENNE (Océan Indien) forme entre l'Arabie et l'Afrique un golfe profond, appelé par les Anciens golfe des Avalites, *Avalites sinus*, du peuple qui en habitait les bords. Ce golfe communiquait par le détroit de Diré, *Dire fretum*, avec le golfe Arabique, *Arabicus sinus* (la mer Rouge), situé entre l'Arabie, à l'E., et l'Afrique, à l'O. Cette mer formait encore trois autres golfes, savoir : le golfe Persique, *Persicus sinus*, entre l'Arabie, au S. O., et la Perse, au N. E. ; — le golfe du Gange, *Gangeticus sinus* (le golfe du Bengale), entre les deux Indes ; — le Grand Golfe, *Magnus sinus* (probablement le golfe de Siam), où se terminaient les connaissances des Anciens.

4. MERS INTÉRIEURES. — Les mers Intérieures connues des Anciens, en ne comprenant pas sous ce nom les golfes *Codanus* et *Arabique*, dont nous avons déjà parlé, se réduisent à deux, savoir : — 1° la mer Caspienne, *Caspium mare*, que les Anciens ont prise longtemps pour un golfe de

l'Océan Hyperborée : ils la supposaient bien plus étendue de l'O. à l'E. qu'elle ne l'est réellement, et lui donnaient, dans sa partie S. E., le nom de mer d'Hyrcanie, *Hyrcanum mare*, du pays dont elle baignait les côtes; — 2° la mer Intérieure proprement dite, *Internum mare*, appelée souvent aussi, par les Anciens, Notre mer, *Nostrum mare*, parce que c'était la seule qu'ils connussent parfaitement. Elle mérite d'être décrite avec détail.

5. MER INTÉRIEURE. — Cette mer, qui devait son nom à sa situation au milieu des terres, se trouvait renfermée entre l'Europe, au N., l'Asie, à l'E., et l'Afrique, au S. Elle communiquait avec l'Atlantique, à l'O., par le détroit de Gadès, *Gaditanum fretum* (détroit de Gibraltar), appelé aussi par les Anciens détroit d'Hercule, *Herculeum*, parce qu'ils supposaient que c'était ce héros qui avait ouvert cette communication entre les deux mers, en séparant les montagnes *Calpé* (Gibraltar), située en Europe, et *Abyla* (Ceuta), en Afrique, et appelées depuis ce temps les *Colonnes d'Hercule*. Cette mer se divisait naturellement en six parties bien distinctes, savoir : 1° la *mer Intérieure* proprement dite; 2° la *mer Adriatique;* 3° la *mer Égée;* 4° la *Propontide;* 5° le *Pont-Euxin;* et 6° le *Palus Méotide.*

1° La MER INTÉRIEURE proprement dite, *Internum mare* (Méditerranée), s'étendait depuis le détroit de Gadès, à l'O., jusqu'à la Syrie et la Phénicie, à l'E., entre l'Europe, l'île de Crète et l'Asie Mineure (Anatolie), au N., et l'Afrique, au S. Elle prenait les noms suivants, savoir — Mer d'Espagne, des Baléares et d'Ibérie, *Hispanicum, Balearicum et Ibericum mare*, entre l'Espagne et les îles Baléares; — Golfe de Gaule, *Gallicus sinus* (golfe du Lion), au S. de la Gaule Transalpine (France); — Golfe ou mer de Ligurie, *Ligusticus sinus* ou *Ligusticum mare* (golfe de Gênes), au S. de la Ligurie (États Sardes); — Mer de Sardaigne, *Sardoum mare*, à l'O. de l'île de ce nom; — Mer Tyrrhénienne ou de Toscane, *Tyrrhenum, Tuscum* et *Etruscum mare* (mer de Sicile), entre les îles de Corse et de Sardaigne, à l'O., et l'Italie, à l'E. : les Romains l'appelaient aussi mer Inférieure, *Inferum mare*, la regardant comme au-dessous de leur pays ; — Mer de Sicile, *Siculum mare*, au S. du détroit de Sicile, *fretum Siculum* (Phare de Messine), qui sépare la Sicile de l'Italie ; — Golfe de Tarente, ou mer d'Ausonie, *Tarentinus sinus* ou *Ausonium mare*, au S. de l'Italie ; — Mer Ionienne, *Ionium mare*, entre l'Italie et la Grèce ; — Mer de Crète, *Creticum mare*, autour de l'île de ce nom ; — Mer d'Afrique et de Libye, *Africum et Libycum mare*, le long de la côte d'Afrique, sur laquelle elle forme deux golfes profonds appelés Petite Syrte, *Syrtis minor* (golfe de Cabès), et Grande Syrte, *Syrtis major* (golfe de la Sidre) ; — Canal de Cilicie, *Aulon Cilicius*, entre l'île de Chypre et la Cilicie (côte méridionale de l'Anatolie) ; — Grande mer, *Magnum mare*, sur la côte de la Syrie et de la Phénicie, nom qui lui avait été donné par les Phéniciens et les Hébreux, par opposition avec le lac *Asphaltite*, ou la mer *Morte*, située à l'E. de leur pays.

2° LA MER ADRIATIQUE, *Adriaticum mare* (golfe de Venise), était souvent aussi appelée par les Romains mer Supérieure, *mare Superum*, par opposition avec la mer Inférieure, dont nous avons parlé. Elle forme au N. E. le golfe de Tergeste (aujourd'hui Trieste), *Tergestinus sinus*.

3° LA MER ÉGÉE, *Ægeum mare* (Archipel), tirait, dit-on, son nom d'Égée, roi d'Athènes, qui s'y précipita, croyant que son fils Thésée avait péri dans son expédition contre le Minotaure. Elle comprenait ce vaste espace de mer parsemé d'îles, qui sépare l'Asie Mineure de la Grèce, et se divisait en quatre parties, savoir : la *mer Égée* proprement dite au N. ; la mer de Myrtos, *Myrtoum mare*, entre la Grèce et les Cyclades ; — la mer Icarienne, *Icarium mare*, à l'E. de la précédente, célèbre dans les poëtes par la chute d'Icare, qui lui donna son nom ainsi qu'à la principale de ses îles (Nicaria) ; la mer Carpathienne, *Carpathium mare* (mer de Scarpanto), au S. de la précédente, ainsi nommée de l'île de *Carpathos* (Scarpanto).

4° LA PROPONTIDE, *Propontis* (mer de Marmara), placée entre la Thrace, au N. O., et l'Asie Mineure, au S. E., communiquait au S. O. avec la mer Égée par l'Hellespont, *Hellespontus* (détroit des Dardanelles), qui tirait son nom d'Hellé, fille d'Athamas, roi de Thèbes, qui s'y noya. Vis-à-vis d'*Abydos*, ce détroit n'a pas plus d'un kilomètre de largeur. Ce fut en cet endroit que Xerxès ordonna de construire un pont pour faire passer son armée en Europe.

5° Le PONT-EUXIN, *Pontus Euxinus* (mer Noire), situé entre la Sarmatie, au N., et l'Asie Mineure, au S., communiquait au S. O. avec la Propontide par le Bosphore de Thrace, *Bosporus Thracius* * (canal de Constantinople). On ignore l'origine de son nom; de fréquentes tempêtes en rendent la navigation fort dangereuse.

6° Le PALUS MÉOTIDE, *Palus Mœotis* (mer d'Azof ou de Zabache), situé entre la Chersonèse Taurique (Crimée) et la Sarmatie, était joint au Pont-Euxin, au S., par le Bosphore Cimmérien, *Bosporus Cimmerius* (détroit d'Iénikalé ou de Caffa). — La partie S. O. recevait quelquefois le nom de mer Putride, *Putridum mare*, à cause des vapeurs malsaines qui s'en exhalent.

---

* Les détroits qui font communiquer le Pont-Euxin avec la Propontide et le Palus-Méotide avaient reçu, dit-on, le nom de *Bosphores*, ou mieux *Bospores*, parce qu'ils sont assez resserrés pour qu'un bœuf puisse les traverser à la nage. Suivant une autre opinion, le Bosphore de Thrace fut ainsi nommé, Βοὸς πόρος, le passage de la génisse, parce qu'il avait été traversé par la malheureuse Io changée en génisse par Jupiter pour la soustraire aux persécutions de Junon.

EUROPE.*

6. BORNES. — L'Europe connue des Anciens était bornée au N. par l'Océan Sarmatique, le golfe *Codanus* et l'Océan Germanique; à l'O., par le détroit de Gaule, l'Océan Britannique et l'Océan Atlantique; au S., par le détroit de Gadès et la mer Intérieure; enfin, à l'E., par la mer Égée, l'Hellespont, la Propontide, le Bosphore de Thrace, le Pont-Euxin, le Bosphore Cimmérien, le Palus-Méotide et le Tanaïs. Au N. E., de vastes contrées peu connues, désignées sous les noms de *Sarmatie* et de *Scythie*, s'étendaient depuis la Vistule jusqu'au Tanaïs (Don), qui séparait la Sarmatie d'Europe de celle d'Asie.

7. DIVISIONS GÉNÉRALES. — On peut diviser l'Europe ancienne en dix-neuf parties : les *Iles Britanniques*, la *Chersonèse Cimbrique*, la *Scandinavie* et la *Sarmatie*, au N.; la *Gaule*, la *Germanie*, la *Vindélicie*, la *Rhétie*, le *Norique*, la *Pannonie*, la *Dacie* et l'*Illyrie*, au centre; l'*Espagne*, l'*Italie*, la *Mésie*, la *Thrace*, la *Macédoine*, l'*Épire* et la *Grèce* avec les îles qui l'entourent, au S.

---

* Consulter, dans mon *Atlas à l'usage des colléges*, la carte de l'EMPIRE ROMAIN.

ILES BRITANNIQUES.

8. POSITION ET DIVISIONS PRINCIPALES. — LES ILES BRITANNIQUES, *Insulæ Britannicæ*, dont les Romains n'eurent connaissance qu'après l'expédition de Jules-César, se composaient : 1° de deux grandes îles, savoir : la BRETAGNE, *Britannia*, à l'E., et l'HIBERNIE, *Hibernia*, à l'O., et 2° de plusieurs petites îles, que nous nommerons ci-après :

La Bretagne, que les Romains nommaient aussi *Albion*, à cause de la blancheur apparente de ses côtes, se divisait en deux parties : la Bretagne Romaine, *Britannia Romana*, au S., et la Calédonie ou pays des Pictes, *Caledonia* ou *Picti*, au N. Ces deux pays n'ont pas toujours conservé les mêmes limites, les Pictes ayant été sans cesse repoussés de plus en plus vers le nord, par Adrien, par Antonin et par Septime Sévère, qui firent construire chacun un mur ou rempart pour préserver la Bretagne Romaine des incursions de ces barbares.

BRETAGNE ROMAINE.

9. DIVISIONS. — La Bretagne Romaine, divisée par les Romains en cinq provinces, dont il est impossible de fixer les limites avec exactitude, se composait de deux parties principales, la *Province Romaine proprement dite*, au S., et la *province comprise entre le mur d'Adrien et celui de Sévère*, au N.

FLEUVES. — La *Tamesis* (Tamise), l'*Abus* (Humber), la *Sabrina* (Severn), qui se jette dans un golfe profond, nommé *Sabrinæ æstuarium* (canal de Bristol).

10. La Province Romaine (Angleterre propre et principauté de Galles), située au S. de l'île et bornée au N. par le mur d'Adrien, comprenait quatre des cinq provinces formées dans la Bretagne Romaine.

11. VILLES ET PEUPLES REMARQUABLES :

DUROVERNUM (Canterbury), au S. E., vers le détroit qui sépare la Bretagne de la Gaule; capitale des Cantiens,

Cantii (dans le comté de Kent, qui a conservé leur nom). On trouvait encore dans leur pays les trois ports suivants : — RUTULEE. (Richborough), près de Sandwich, qui paraît avoir été le plus fréquenté sous les empereurs romains. — DUBRIS (Douvres), qui devint, avec le temps, plus célèbre que le précédent. — LEMANIS PORTUS (Lyme, près de West-Hythe), au S. O. de Douvres. Il paraît que ce fut en cet endroit que César descendit dans l'île.

ISCA SILURUM (Caër-Léon), vers l'embouchure de la *Sabrina* (Severn); capitale des *Silures*, dont un des rois, nommé Caractacus, se rendit célèbre par ses exploits, et fut fait prisonnier par les Romains.

LONDINIUM (Londres), sur la Tamise. Elle était déjà très-célèbre par son commerce du temps de Tacite, et devint promptement la ville la plus importante de toute l'île. — CAMALODUNUM (détruite, près de Colchester), au N. E. de Londres. Ces deux villes tenaient le premier rang dans le pays des Trinobantes, *Trinobantes*, qui se soumirent volontairement à César.

VENTA ICENORUM (Caster, près de Norwich), au N. E. de Camalodunum; capitale des Icènes, *Iceni*, l'une des plus puissantes nations de la Bretagne, qui se révolta sous le règne de Néron, à l'instigation de Boadicée, qui en était reine et qui se rendit célèbre par son courage héroïque.

EBORACUM (York), au N. O. de Londres, capitale des *Brigantes*, peuple nombreux et puissant qui occupait tout l'espace compris entre les deux mers. Elle fut fortifiée par les Romains, qui y établirent le siége des gouverneurs de la Grande-Bretagne. Les empereurs Septime-Sévère et Constance Chlore la choisirent aussi pour le lieu de leur résidence pendant leur séjour dans la Bretagne, et y moururent tous les deux.

12. La province comprise entre le mur d'Adrien, long de 120 kilomètres, du golfe *Ituna* (golfe de Solway), au S. O., à l'embouchure de la *Tina* (Tyne), à l'E., et le rempart de Sévère, long de 48 kilomètres, de la rivière *Glota* (la Clyde) au golfe *Bodotria* (golfe de Forth), (le Northum-

1.

berland et la partie méridionale de l'Écosse), renfermait la cinquième province de la Bretagne Romaine.

VILLE. — ALATA CASTRA (Édinbourg), près du golfe *Bodotria*.

PICTES OU CALÉDONIE.

13. PEUPLES QUI L'HABITAIENT. — Le pays des Pictes ou Calédoniens, situé au N. du rempart d'Antonin (partie septentrionale de l'Écosse), était fort peu connu des Romains, qui donnèrent aux Calédoniens le nom de *Pictes*, peut-être à cause de l'usage qu'avaient ces peuples de se peindre le corps de diverses figures, qu'ils regardaient comme leurs principaux ornements.

14. VILLES. — VICTORIA (Stirling), à peu de distance du rempart d'Antonin, fondée, sans doute, par Agricola, en mémoire d'une victoire qu'il remporta sur les Calédoniens, vers le mont *Grampius* (Grampian), la seule montagne de l'Écosse qui paraisse avoir été connue dans l'antiquité. — DEVANA (Vieux-Aberdeen), au N. E. de Victoria, sur l'Océan Germanique.

HIBERNIE.

15. PEUPLES QUI L'HABITAIENT. — L'Hibernie (Irlande) portait aussi le nom d'*Ierne*, qu'on retrouve dans celui d'*Érin*, que lui donnent encore ses habitants. Ses principaux peuples étaient des *Brigantes*, venus, sans doute, de la Bretagne, qui en occupaient la partie méridionale; et les Scots, *Scoti*, qui en sortirent au cinquième siècle pour envahir le nord de la Bretagne, qui a pris leur nom, *Scotia* (Écosse).

FLEUVE. — Le *Senus* (aujourd'hui Shannon).

VILLES. — IERNIS, qui paraît avoir été la principale, dans l'intérieur (près de Cashel). — REGIA (Armagh), vers le N. — EBLANA (probablement Dublin), sur la côte orientale.

PETITES ILES BRITANNIQUES.

16. Les plus remarquables des petites îles qui faisaient partie des îles Britanniques étaient :

L'île VECTIS (île de Wight), au S. de la Bretagne Romaine, dont elle est séparée par un détroit de 4 kilomètres de largeur, que le reflux laissait autrefois à découvert. Vespasien la soumit aux Romains sous le règne de Claude.

Les îles CASSITÉRIDES (îles Sorlingues ou Scilly), au S. O. de la Bretagne, vis-à-vis du promontoire *Bolerium* (Land's End ou Finistère). Elles étaient appelées Cassitérides, d'un mot grec qui signifie *étain*, parce que ce métal s'y trouve en abondance. Les Phéniciens, qui les découvrirent, désirant conserver seuls le commerce très-productif qu'ils en faisaient, cachèrent soigneusement aux autres nations la position de ces îles, qui fut ignorée pendant fort longtemps.

17. L'île MONA (île d'Anglesey), dans le canal qui séparait l'Hibernie de la Bretagne, à peu de distance de cette dernière. C'était la principale retraite des druides, prêtres de la Gaule et de la Bretagne, qui immolaient des victimes humaines dans leurs bois sacrés. Cette île fut soumise aux Romains par Agricola. — L'île MONABIA (île de Man), au N. de Mona.

18. Les îles ÉBUDES (îles Western on Hébrides), à l'O. de la Calédonie. On dit qu'elles étaient gouvernées par un roi qui ne possédait aucune richesse, et qui était même nourri aux dépens du public, afin que l'avarice ne le portât point à devenir injuste.

Les îles ORCADES (îles Orkney ou Orcades), au N. de la Calédonie. Elles furent soumises aux Romains par la flotte qui fit le tour de la Bretagne, du temps d'Agricola.

THULE (probablement la plus grande des Shetland). Cette île, que Virgile appelle *ultima Thule*, parce que c'était la terre la plus reculée dont les Romains eussent connaissance, avait été découverte, environ trois siècles auparavant, par Pythéas de Marseille, qui, partant de la pointe la plus septentrionale de la Calédonie, y arriva en six jours.

CHERSONÈSE CIMBRIQUE.

19. POSITION. — La CHERSONÈSE CIMBRIQUE, *Cimbrica Chersonesus* (Jutland, duché de Schleswig et Holstein, provinces du Danemark), était située au N. de l'embouchure de l'Elbe; elle avait à l'O. l'Océan Germanique, au N. et à l'E. le golfe *Codanus*.

20. PEUPLES QUI L'HABITAIENT. — Cette presqu'île tirait son nom des Cimbres, *Cimbri*, qui en étaient la nation la plus puissante avant les incursions qu'ils firent en Europe joints aux Teutons, *Teutones*, que l'on croit avoir été leurs voisins et avoir habité les îles du Danemark; ils avaient formé le projet de marcher sur Rome, et voulaient l'exécuter quand Marius tailla en pièces les Teutons, près d'Aix en Provence (104), et défit entièrement les Cimbres dans les champs Raudiens, près de Milan (167).—Quelques siècles plus tard, on trouve dans la partie méridionale de la Chersonèse (duché de Schleswig et Holstein) : les Saxons, *Saxones*, qui, par la suite, traversèrent l'Elbe, et devinrent un des peuples les plus puissants de la Germanie, et les Angles, *Angli*, qui, joints aux Saxons, passèrent au cinquième siècle dans la Grande-Bretagne, et donnèrent leur nom à l'Angleterre.

SCANDINAVIE.

21. PÓSITION. — La SCANDINAVIE, *Scandinavia* (la Suède et la Norvége), était regardée par les Anciens comme une île de l'Océan Hyperborée ou *mare Pigrum*. Ils ignoraient la grandeur de cette île prétendue, connaissant seulement de nom quelques-uns des peuples qui l'habitaient.

22. PEUPLES. — Les plus connus étaient :

Les HILLÉVIONS, *Hilleviones* (dans la Scanie, province la plus méridionale de la Suède), nation fort nombreuse, la seule connue des Romains au temps de Pline.

Les GUTES ou Jutes, *Gutæ*, d'où l'on veut que le Jutland ait tiré son nom ; d'autres veulent que ce soit le même peuple que les *Goths*, auxquels ils donnent à tort pour berceau l'île de Gott-Land, dans la Baltique, d'où ils auraient passé d'abord dans le continent voisin, et, de là, dans le reste de l'Europe, où ils jouèrent un grand rôle dans le moyen âge.

Les SUIONS, *Suiones*, peuple navigateur et assez civilisé, qui paraît avoir habité le pays nommé encore, dans le moyen âge, *Sueonia* (aujourd'hui la Suède).

Les SITONS, *Sitones*, séparés des Suions par le mont *Sévo* (partie des Dophrines), étaient gouvernés par une femme, suivant Tacite, et paraissent devoir être placés dans le pays nommé *Nérigon* (la Norvége), où se trouvait le port de *Bergo* (Berghen).

Ce furent ces peuples qui, sous le nom de *Normands* (hommes du Nord), firent en France de si cruels ravages dans le neuvième et le dixième siècle, jusqu'à ce qu'ils se fussent enfin établis dans la province qui a pris leur nom.

23. ILES. — Les différentes îles du golfe *Codanus*, qui forment aujourd'hui une partie du Danemark, furent connues des Romains, quoique d'une manière assez confuse. Ils leur donnaient en général le nom d'îles *Scandiæ* ; mais celle qu'ils désignent plus spécialement sous le nom de *Scandia* paraît répondre à la Scanie, où nous avons cru devoir placer les Hillévions (22). C'est probablement du nom de *Baltia*, que portait l'une de ces îles, que la mer Baltique a pris le sien.

SARMATIE EUROPÉENNE.

24. Bornes. — Les Anciens comprenaient, sous le nom de Sarmatie Européenne, *Sarmatia Europæa*, cette vaste contrée qui s'étend au N. de la Dacie et du Pont-Euxin, depuis la Vistule, qui la séparait de la Germanie, à l'O., jusqu'au Palus-Méotide et au Tanaïs, qui la séparaient de la Sarmatie Asiatique, à l'E. Ses limites au N. leur étaient inconnues; ils supposaient qu'elle était terminée de ce côté par l'Océan Hyperborée. (Toute la partie de la Pologne et de la Prusse qui est à l'E. de la Vistule, et presque toute la Russie d'Europe.)

Fleuves. — Le *Borysthènes*, appelé ensuite *Danapris* (Dniepr), le *Rubo* (Reuss ou Niémen), et le *Turuntus* (Duna).

Peuples. — Les plus connus étaient :

25. Les Vénèdes, *Venedi* ou *Venedæ*, qui paraissent avoir occupé toute la côte de l'Océan Sarmatique, depuis la Vistule jusqu'au golfe de Riga ; l'un des principaux peuples de la Sarmatie ; ils passèrent même la Vistule, et s'emparèrent des côtes du golfe *Codanus* jusqu'à l'Elbe, abandonnées par les Vandales vers la fin du quatrième siècle. On peut regarder comme ayant fait partie de cette nation :

Les Gothons, *Gothones*, regardés par quelques auteurs comme les ancêtres des Goths ; et les Estyens, *Æstyæi*, dont le nom s'est conservé dans celui de l'*Esthonie*. C'est sur les côtes habitées par ces peuples que la mer jette l'ambre jaune, *succinum* ou *electrum*, qui était fort recherché des Anciens.

26. Les Fennes ou Finnois, *Fennæ* ou *Finni*, qui ont donné leur nom au pays appelé *Finningia* (la Finlande), étaient une nation particulière, ayant son langage propre, et qui paraît avoir peuplé le nord de l'Europe et de l'Asie.

Les Hyperboréens, *Hyperborei*, que les Anciens plaçaient au delà des monts Riphées, et sur lesquels ils débitaient beaucoup de fables. Ils rendaient un culte particulier à Apollon, et envoyaient tous les ans des offrandes à Délos.

Les BASTARNES, *Bastarnæ*, au S. E. des Vénèdes, dans la partie de la Sarmatie qui touchait aux monts Carpathes, dont une partie avait pris d'eux le nom d'*Alpes Bastarniques*. Ils s'étendaient même dans la Dacie jusque vers les embouchures du Danube, entre lesquelles se trouvait l'île appelée *Peuce* (227), qui leur faisait donner aussi le nom de PEUCINS, *Peucini*.

Les AGATHYRSES, *Agathyrsi*, à l'E. des Vénèdes; ils habitaient des huttes portées sur des roues, se plaisaient à couvrir d'or leurs habits, et se peignaient le corps en bleu.

Les SAUROMATES ou SARMATES, *Sauromatæ*, nation issue, disait-on, des Scythes et des Amazones, qui, venues sans doute de l'Asie Mineure, avaient abordé à *Cremni*, sur le Palus-Méotide. Chez ce peuple, les femmes mêmes montaient à cheval, et accompagnaient leurs maris à la guerre.

Les BORUSCES, *Borusci*, qui dans la suite ont donné leur nom à la Prusse.

Les IAZYGES et les ROXOLANS, *Iazyges* et *Roxolani*, qui ne devaient pas être fort éloignés du Palus-Méotide (peut-être dans l'Ukraine ou pays des Cosaques).

Les BUDINS, *Budini*, peuple nombreux qui n'avait pas de demeure fixe, vers le S.

Les GÉLONS, *Geloni*, qui habitaient d'abord sur la rive droite du Borysthènes (au S. de Kiev), mais qui, dans la suite, s'avancèrent, à ce qu'il paraît, vers la Thrace, au voisinage du mont Rhodope; ils avaient une ville nommée GELONUS, bâtie toute en bois, que Darius brûla.

27. VILLES. — Il s'en trouvait quelques-unes répandues sur la côte du Pont-Euxin, dans la contrée nommée par quelques auteurs PETITE SCYTHIE, *Parva Scythia*, parce que les peuples qui l'habitaient étaient Scythes d'origine. Ces villes avaient été fondées par les Grecs, et en particulier, par les Milésiens. Les plus remarquables étaient :

ODESSUS ou *Ordessus* (sur la plage de Bérézen), sur un

petit golfe formé par le Pont-Euxin, au N. O. de l'embouchure du Borysthènes ; port célèbre.

OLBIA, un peu au-dessus de l'embouchure du Borysthènes, à l'endroit où il reçoit l'*Hypanis* (Boug). C'était une colonie de Milet, d'où vient qu'on lui donne quelquefois le nom de *Miletopolis ;* sa situation lui a fait donner assez souvent le nom de *Borysthènes*. Elle était très-commerçante.

CARCINE, à l'extrémité du golfe appelé *Carcinites sinus* (golfe de Négropoli), formé par le Pont-Euxin, au N. O. de la Chersonèse Taurique.

CHERSONÈSE TAURIQUE.

28. POSITION ET PEUPLE QUI L'HABITAIT. — LA CHERSONÈSE TAURIQUE, *Taurica Chersonesus* (Crimée), est une presqu'île formée, au S. de la Sarmatie d'Europe, par le Bosphore Cimmérien, qui la séparait de l'Asie, à l'E.; et par le Palus-Méotide, au N. E. Elle ne tient au continent, vers le N. O., que par un isthme de peu de largeur, et est terminée au S. par un cap très-élevé nommé *Criou-Metopon*, ou front de bélier (Karadjé-Bouroun), qui fait face au cap *Carambis* (Kérempéh), en Paphlagonie.

Ce pays a pris son nom des Tauro-Scythes, peuple cruel et barbare qui immolait à Diane tous les étrangers qui abordaient sur ses rivages : ce qui a donné lieu à la fable d'Iphigénie, fille d'Agamemnon, transportée en Tauride par Diane, et établie prêtresse de cette déesse par Thoas, roi du pays.

29. VILLES. — Elles furent toutes fondées par des colonies grecques. Les principales étaient :

TAPHRÆ (Pérécop), sur l'isthme qui joint la presqu'île au continent. Elle tire son nom d'un mot grec qui signifie *fossé*, parce qu'elle était voisine d'un fossé qu'on avait creusé pour fermer l'entrée de la Chersonèse.

CHERSONESUS (près de Sébastopol), au S. O. de la presqu'île, fondée par les Grecs sortis d'*Héraclée sur le Pont* en Bithynie (314); elle fut longtemps assez puissante.

THEODOSIA (Féodosia ou Caffa), port sur la côte S. E.

PANTICAPÆUM (Kertsch), sur le Bosphore, avec une forteresse construite par les Milésiens. Elle devint la capitale de cette contrée et le séjour ordinaire des rois du BOSPHORE. Ce petit royaume comprenait une partie de la Chersonèse et le pays à l'E. du Bosphore; après avoir eu longtemps ses rois particuliers, il fut cédé à Mithridate le Grand, roi de Pont, par le dernier d'entre eux, nommé *Parisades*, qui se crut incapable de résister aux Scythes, qui s'étaient rendus maîtres de la plus grande partie de la Tauride.

GAULE.*

30. SES BORNES. — La GAULE, *Gallia*, appelée par les Romains *Gaule Transalpine*, c'est-à-dire au delà des Alpes, était bornée à l'O. par l'Océan Atlantique, au S. par les Pyrénées et le golfe de Gaule (golfe du Lion), formé par la Méditerranée; à l'E. par le Var, les Alpes et le Rhin; et au N. par ce dernier fleuve et par l'Océan Germanique. Elle comprenait ainsi, outre la France actuelle, une partie des États Sardes et de la Suisse, la portion des États de la Confédération Germanique, qui se trouve sur la rive gauche du Rhin, la Belgique, et la plus grande partie des Pays-Bas.

31. SES DIVISIONS GÉNÉRALES. — Lorsque César en fit la conquête, la Gaule se divisait en quatre parties principales : la BELGIQUE, *Belgica*, au N.; la CELTIQUE *Celtica*, au milieu; l'AQUITAINE, *Aquitania*, au S. O.; et la PROVINCE ROMAINE, *Provincia Romana*, au S. E. Les trois premières portaient en général le nom de Gaule Chevelue, *Gallia Comata*, parce que ses habitants gardaient leurs cheveux longs, et la dernière, celui de Gaule en Braies, *Gallia Braccata*, à cause d'une sorte de pantalon large, mais court, appelé *Braccæ*, qui faisait partie du vêtement de ses habitants. — Auguste, en conservant cette division, fit quelques changements dans l'étendue respective des quatre provinces, démembra de la Belgique les deux Germanies, et donna le nom de *Lyonnaise* à la celtique, et celui de *Narbonnaise* à la Province Romaine. Par la suite, leurs subdivisions formèrent dix-sept provinces, dont chacune avait sa métropole.

I. BELGIQUE.

32. POSITION ET DIVISIONS. — La Belgique occupait tout le nord de la Gaule, et se divisait en cinq provinces, savoir :

---

* Consulter, dans mon *Atlas à l'usage des colléges*, les cartes de la GAULE *au temps de César* et de la GAULE *en dix-sept provinces*.

la *Germanie Supérieure* à l'E.; la *Germanie Inférieure*, au N. E.; la *Première Belgique*, à l'O. de la Germanie Supérieure; la *Seconde Belgique*, à l'O. de la Première et de la Germanie Inférieure; et la *Grande Séquanaise*, au S. de la Première Germanie et de la Première Belgique. Cette dernière province, qui avait fait partie de l'ancienne Celtique (31), en fut détachée par Auguste, qui la réunit à la Belgique.

33. I. GERMANIE SUPÉRIEURE OU PREMIÈRE. — Cette province s'étendait sur la rive gauche du Rhin, entre ce fleuve et les Vosges, *Vogesus mons.*

PEUPLES ET VILLES REMARQUABLES.

34. Les TRIBOQUES, *Triboci*, au S. (département du Bas-Rhin); capitale, ARGENTORATUM (Strasbourg), à l'E., célèbre par la victoire que Julien y remporta sur sept rois allemands, au quatrième siècle.

35. Les NÉMÈTES, *Nemetes*, au N. des Triboques (Bavière Rhénane); capitale, NOVIOMAGUS (Spire).

36. Les VANGIONS, *Vangiones*, au N. des Némètes (partie du grand-duché de Hesse-Darmstadt située à l'O. du Rhin); capitale BORBETOMAGUS (Worms).

Les CARACATES, *Caracates*, au N. des Vangions (dans le même pays); capitale, MOGUNTIACUM (Mayence), métropole de la Germanie Supérieure : Drusus, beau-fils d'Auguste, y mourut d'une chute de cheval, et l'empereur Alexandre Sévère fut assassiné dans ses environs.

37. Le nord de la Germanie Supérieure (petite partie de la Prusse Rhénane) appartenait aux Trévères, *Treveri*, peuple puissant de la Première Belgique (43), qui y possédait : CONFLUENTES (Coblentz); ANTUNNACUM (Andernach), sur le Rhin.

38. II. GERMANIE INFÉRIEURE OU SECONDE. — Cette province, beaucoup plus vaste que la Germanie Supérieure, occupait toute la rive gauche du Rhin, jusqu'à la mer, et touchait au S. la Germanie Supérieure et les deux Belgiques. Elle était arrosée par la Meuse, *Mosa;* et sa partie méridionale était couverte presque tout entière par une immense forêt, nommée *Arduenna Sylva* (la forêt des Ardennes); elle est beaucoup moins étendue maintenant.

Peuples et Villes remarquables :

39. Les Ubiens, *Ubii*, au S. E. (partie de la régence de Cologne, dans la Prusse Rhénane) ; capitale, Colonia Agrippina (Cologne), métropole de la Germanie Inférieure. Elle doit son nom à Agrippine, mère de Néron, qui y avait pris naissance, et qui la fit agrandir.

Les Gugernes, *Gugerni*, au N. O. des Ubiens (régence de Dusseldorf, dans la Prusse Rhénane) ; capitale, Colonia Trajana (près de Clèves), augmentée par l'empereur Trajan.

40. Les Bataves, *Batavi*, dans l'île formée par les deux bras du Rhin, la Meuse et la mer, *Batavorum insula* (partie de la Hollande propre) ; ils furent les alliés des Romains, mais jamais leurs sujets. Villes : Batavorum Oppidum (Battembourg), sur la Meuse ; Noviomagus (Nimègue) ; Lugdunum Batavorum (Leyde), près de l'embouchure du Rhin, et déjà considérable du temps des Romains.

Les Ménapiens, *Menapii ;* les Toxandres, *Toxandri ;* les Bétasiens, *Betasii ;* les Tongres, *Tungri*, qui remplacèrent les Éburons, *Eburones*, détruits par César, dont ils avaient massacré une légion ; les Aduatiques, *Aduatici ;* les Condruses, *Condrusi*. Tous ces peuples occupaient le centre de la Germanie inférieure (les provinces de Brabant, de Liége et de Namur, au royaume de Belgique).

41. Les Suniques, *Sunici* (partie occidentale de la régence de Cologne, dans la Prusse Rhénane). On leur attribue Tolbiac, *Tolbiacum* (Zulpich), au S. O. de Cologne, célèbre dans l'histoire de France par la victoire qu'y remporta Clovis sur les Allemands, en **496**, et après laquelle il se fit baptiser par saint Remi.

42. III. Belgique Première. — Cette province, située au S. E. de la Germanie Inférieure, et à l'O. de la Germanie Supérieure, dont elle était séparée en partie par les Vosges, *Vogesus mons*, était arrosée par la Moselle, *Mosella*, et la Meuse, *Mosa*.

43. Les Trévères, *Treveri*, dont nous avons déjà parlé (37), au N. (le grand-duché de Luxembourg), à l'O., et la plus grande partie des régences de Coblentz, Aix-la-

Chapelle et Trèves, dans la Prusse Rhénane à l'E.). Ce peuple, le plus célèbre de la Belgique et le plus puissant par sa cavalerie, selon César, avait pour capitale AUGUSTA TREVERORUM (Trèves), qui devint la métropole de la Première Belgique, et l'une des villes les plus grandes, les plus riches et les plus considérables de la Gaule Transalpine. Elle fut le siége du préfet du prétoire des Gaules, et la résidence de plusieurs empereurs romains.

44. Les MÉDIOMATRICES, *Mediomatrici*, au S. des Trévères (département de la Moselle, et partie N. E. de celui de la Meurthe), avaient pour capitale : DIVODURUM, appelée ensuite *Mediomatrici* (Metz), qui s'embellit de tant de monuments remarquables qu'elle finit par l'emporter sur la métropole elle-même.

Les VÉRODUNIENS, *Verodunenses*, à l'O. des Médiomatrices (département de la Meuse), ayant pour capitale VERODUNUM (Verdun). — Les LEUQUES, *Leuci* (département des Vosges et partie S. O. de celui de la Meurthe); ils occupaient toute la partie méridionale de la Première Belgique, et avaient pour capitale TULLUM (Toul).

45. IV. BELGIQUE SECONDE. — Cette province, située à l'O. de la Seconde Germanie et de la Première Belgique, touchait l'Océan Germanique au N., et le détroit de Gaule (Pas-de-Calais), à l'O. Ses principales rivières étaient : l'Escaut, *Scaldis*, la Somme, *Samara*, et l'Oise, *Isara*, qui se grossit de l'Aisne, *Axona*.

PEUPLES ET VILLES REMARQUABLES :

46. Les NERVIENS, *Nervii*, au N. de la province (la Flandre occidentale, le Hainaut et la partie S. E. du département du Nord), étaient un peuple puissant, qui en avait plusieurs autres dans sa dépendance, d'où vient que toute la côte de la Seconde Belgique portait le nom de *Nervicanus Tractus*. Les Nerviens livrèrent à César, au passage de la Sambre, *Sabis*, un combat dont leur redoutable infanterie rendit le succès longtemps douteux. Ils avaient pour capitale BAGACUM (*Bavay*), au S., ville importante du temps des Romains, mais qui déchut vers la fin du quatrième siècle, et fut remplacée par les deux suivantes, savoir : Turnacum (Tournai), au N., et Camaracum (Cambrai), au S.

47. Les Morins, *Morini*, à l'O. des Nerviens (partie N. O. des départements du Nord et du Pas-de-Calais). C'était un peuple puissant, dont les principales villes étaient : Taruenna (Thérouanne), capitale détruite par Charles-Quint en 1553 ; — Gesoriacum, ensuite *Bononia* (Boulogne), port sur le détroit de Gaule, fort fréquenté par ceux qui passaient dans la Grande-Bretagne, et où s'embarqua l'empereur Claude pour se rendre dans cette île. — Itius Portus (probablement Wissant), d'où partit César pour son expédition dans la Grande-Bretagne.

48. Les Atrébates, *Atrebates*, au S. E. des Morins (la partie S. E. du département du Pas-de-Calais) ; leur roi Comius est célèbre dans les *Commentaires de César ;* ils avaient pour capitale Nemetacum, appelée ensuite *Atrebates* (Arras).

Les Ambiens, *Ambiani*, au S. des Morins et des Atrébates (la plus grande partie du département de la Somme) : ils tenaient aussi un rang distingué dans la Belgique, et avaient pour capitale Samarobriva, appelée ensuite *Ambiani* (Amiens), sur la Somme. César y tint une assemblée des États de la Gaule.

49. Les Véromanduens, *Veromandui*, à l'E. des Ambiens (l'extrémité orientale du département de la Somme et le N. O. de celui de l'Aisne). Capitale, Augusta Veromanduorum, qui prit, au troisième siècle, le nom de *saint Quentin*, qui y mourut pour la foi ; quelques-uns veulent que ce soit *Vermand*, à 8 kilomètres au N. O.

Les Bellovaques, *Bellovaci*, au S. des Ambiens (département de l'Oise) : ils étaient si puissants qu'ils pouvaient mettre 100 mille hommes sur pied. Capitale Cæsaromagus, puis *Bellovaci* (Beauvais), qui paraît être la même ville que la place forte appelée par César *Bratuspantium*.

Les Suessions, *Suessiones*, à l'E. des Bellovaques (la partie S. du département de l'Aisne), peuple puissant, dont le roi, nommé Galba, fut jugé digne de commander l'armée que les Belges opposèrent à César. Leur capitale était

Noviodunum, nommée ensuite *Augusta Suessionum*, puis *Suessiones* (Soissons), qui essaya de résister à César, auquel elle se rendit ensuite.

50. Les Rémois ou Rèmes, *Remi*, à l'E. des Véromanduens et des Suessions (département des Ardennes, le S. E. de celui de l'Aisne et le N. O. de celui de la Marne); ils rendirent de grands services à César dans la conquête des Gaules, et restèrent fidèles alliés des Romains : aussi tinrent-ils un des premiers rangs dans la Gaule. Ils avaient pour capitale Duro-Cortorum, ensuite *Remi* (Reims), métropole de la Seconde Belgique, renommée par ses manufactures d'armes, et par le soin qu'on y donnait à l'étude des lettres; on y trouve de belles antiquités.

51. Les Catelaunes, *Catelauni* (le S. E. du département de la Marne et le N. O. de celui de la Haute-Marne), au S. des Rémois, auxquels ils paraissent avoir été soumis; capitale, Duro-Catelaunum, puis *Catelauni* (Châlons-sur-Marne).

52. V. Grande Séquanaise. — Cette province, située au S. de la Première Germanie et de la Première Belgique, s'étendait au S. jusqu'au lac *Léman* (lac de Genève) et jusqu'aux Alpes. Elle était traversée par la chaîne du Jura, *Jura mons*, et arrosée par le Rhin, *Rhenus*, et par le Doubs, *Dubis;* la Saône, *Arar*, la séparait, à l'O., de la Première Lyonnaise.

Peuples et Villes remarquables :

53. Les Rauraques, *Rauraci*, au N., entre le Rhin et les premières montagnes de la chaîne des Vosges (département du Haut-Rhin et la plus grande partie du canton de Bâle); capitale, Augusta Rauracorum ou Rauracum (Augst, village à 8 kilomètres au S. E. de Bâle), sur le Rhin : il paraît qu'elle fut remplacée par une forteresse nommée Basilia (Bâle), aussi sur le Rhin.

54. Les Séquanais, *Sequani*, au S. O. des Rauraques départements de la Haute-Saône, du Doub, du Jura, la partie E. de celui de Saône-et-Loire, et le N. de celui de l'Ain); c'était un des peuples les plus puissants de la Gaule; ils avaient pour capitale Vesontio (Besançon), sur le Doubs, dans une position très-forte : elle devint la métropole de la

Grande Séquanaise, et fut embellie de monuments, dont quelques-uns sont conservés en partie.

55. Les Helvétiens, *Helvetii*, séparés des Séquanais par le Jura, et des Rauraques par le mont *Vocetius* (Boëtz-Berg), occupaient toute la partie orientale de la Grande Séquanaise (la plus grande partie de la Suisse). César nous les représente comme les plus belliqueux de tous les Gaulois; ils étaient divisés en plusieurs cantons, dont les principales villes étaient : AVENTICUM (Avenche, au S. du lac de Morat), à laquelle Tacite donne le nom de capitale de l'Helvétie; *Salodurum* (Soleure); *Aquæ Helveticæ* (Baden), au N. E. de Soleure, lieu très-fréquenté du temps des Romains, à cause de ses eaux thermales; et *Turicum* (Zurich), au N. E. de l'Helvétie.

II. LYONNAISE.

56. POSITION ET DIVISIONS. — La Lyonnaise, *Lugdunensis*, nommée auparavant *Celtique*, occupait toute la partie centrale de la Gaule, et se divisait en quatre provinces, savoir : la *Première Lyonnaise*, au S. O. de la Première Belgique; la *Seconde Lyonnaise*, sur les bords de l'Océan Britannique; la *Troisième*, au S. de la Seconde, et la *Quatrième*, appelée aussi *Sénonie*, à l'E. de la Seconde et de la Troisième. — Afin de suivre un ordre plus régulier dans la description de ces provinces, nous décrirons d'abord la Première Lyonnaise, puis la Quatrième, la Seconde, et nous finirons par la Troisième.

57. I. PREMIÈRE LYONNAISE.— Cette province, située à l'O. de la Grande Séquanaise, dont elle était séparée par la Saône, *Arar*, avait l'Aquitaine à l'O., et la Narbonnaise au S. — Elle était arrosée par la Loire, *Liger*; la Seine, *Sequana*, et l'Yonne, *Icauna*, y prenaient leurs sources.

PEUPLES ET VILLES REMARQUABLES :

58. Les LINGONS, *Lingones*, au N. (presque tout le département de la Côte-d'Or, le S. de celui de la Haute-Marne, le S. O. de celui des Vosges, et l'E. de celui de l'Yonne) :

peuple appartenait à la Belgique, dont il fut détaché pour être réuni à la Première Lyonnaise; il fut un de ceux qui passèrent en Italie sous le règne de Tarquin l'Ancien. Leurs villes principales étaient : ANDOMATUNUM, nommée ensuite *Lingones* (Langres), capitale, au N.; et *Divio* ou *Dibio* (Dijon), au S.

Les MANDUBIENS, *Mandubii*, au S. des Lingons (partie S. O. du département de la Côte-d'Or); ils avaient pour capitale ALESIA (Alise, près de Semur), fameuse par le siége qu'elle soutint contre César, qui s'y vit assailli par toute la Gaule confédérée : ce général parvint cependant à dissiper la nombreuse armée des Gaulois, et prit Alise, dont il réduisit les habitants à l'esclavage.

50. Les ÉDUENS, *Ædui*, au S. des Lingons et des Mandubiens (presque tout le département de la Nièvre, la plus grande partie de celui de Saône-et-Loire, une petite portion de l'E. de celui de l'Allier, une très-petite partie du N. de ceux du Rhône et de la Loire). Ce peuple, le plus puissant de la Celtique, vit les Romains rechercher son alliance; il en tenait plusieurs autres dans sa dépendance, et avait un grand nombre de villes, dont les principales étaient : AUGUSTODUNUM, nommée auparavant *Bibracte* (Autun), capitale, une des plus anciennes des Gaules; elle devint célèbre par ses écoles, où toute la noblesse de ce pays allait se faire instruire dans les lettres. Il paraît que les druides, chefs de la religion gauloise, s'assemblaient souvent dans ses environs, au *mont Dru*. C'est la patrie du philosophe *Divitiac*, contemporain de César, et qui fut connu de Cicéron, qui le vante comme un des plus savants d'entre les druides. *Cabillonum* (Châlon-sur-Saône), *Matisco* (Mâcon), aussi sur la Saône; *Noviodunum*, puis *Nevirnum* (Nevers), sur la Loire.

Parmi les peuples qui leur étaient soumis se trouvaient les Boïens, *Boii*, venus des environs de l'Helvétie, et à qui ils avaient donné une portion de leur pays, située entre l'Allier, *Elaver*, et la Loire (la partie N. E. du département de l'Allier); il paraît qu'ils y possédaient une ville nommée *Gergovia* (peut-être Mou-

lins), qu'il ne faut pas confondre avec une autre *Gergovia* située
dans l'Aquitaine (79).

60. Les Ségusiens, *Segusiani*, au S. de la Première
Lyonnaise (la plus grande partie des départements du Rhône
et de la Loire, et le S. O. de celui de l'Ain). Ils paraissent
avoir été assez longtemps sous la domination des Éduens. On
trouvait dans leur pays Lugdunum (Lyon), fondée par les Romains; elle devint sous Auguste la capitale de la Celtique,
qui prit alors le nom de *Lyonnaise* (31); elle était aussi la
métropole de la Première Lyonnaise, et se rendit célèbre par
son commerce et son académie. Auguste y séjourna trois
ans. C'est la patrie de Germanicus, des empereurs Claude et
Caracalla, et de plusieurs écrivains assez distingués.

61. II. Lyonnaise Quatrième ou Sénonie. — Cette province, située au N. O. de la Première Lyonnaise, dont elle
avait été démembrée, occupait à peu près le centre de la
Gaule : elle était arrosée par la Seine, *Sequana;* l'Yonne,
Icauna; et la Loire, *Liger*, qui la bornait en partie au S.

Peuples et Villes remarquables :

62. Les Tricasses, *Tricasses*, à l'E. (département de l'Aube,
et le S. O. de celui de la Marne), qui avaient une capitale nommée Augustobona, puis *Tricasses* (Troyes), sur la Seine.

63. Les Sénonais, *Senones*, occupaient tout le S. E. de la
province (le S. des départements de Seine-et-Oise et de Seine-
et-Marne, le N. E. du Loiret, la plus grande partie de celui
de l'Yonne et le N. O. de la Nièvre). Quoiqu'ils eussent en-
voyé (vers l'an de Rome 356) une nombreuse colonie s'établir dans le N. O. de l'Italie centrale (186), ils n'en étaient
pas moins un des peuples les plus puissants de la Celtique.
Outre leur capitale Agedincum, sur l'Yonne, qui servit de
place d'armes à César, et qui devint, sous le nom de Senones
(Sens), une des villes les plus peuplées et les plus considérables de toute la Lyonnaise, et la métropole de la Quatrième,
appelée quelquefois, de son nom, Sénonie, *Senonia*, ils possédaient *Autissiodorum* (Auxerre), sur l'Yonne, au S.; *Mé-
lodunum* (Melun), sur la Seine, au N. O.

Les Meldes, *Meldi*, au N. des Sénonais (partie N. du déparment de Seine-et-Marne); capitale, IATINUM, ensuite *Meldi* (Meaux), sur la Marne.

64. LES PARISIENS, *Parisii*, au N. O. des Sénonais (département de la Seine, et le N. E. de celui de Seine-et-Oise); capitale, LUTETIA, ensuite *Parisii* (Paris), renfermée, au temps de César, dans l'île Notre-Dame; Julien, n'étant encore que César, la choisit pour sa résidence, et fit bâtir, sur la rive gauche de la Seine, un palais avec des *Thermes* ou bains dont une partie subsiste encore.

Les CARNUTES, *Carnutes*, qui occupaient le S. O. de la province (le S. O. du département de Seine-et-Oise, celui d'Eure-et-Loir, et le N. O. de celui de Loir-et-Cher); ils étaient en grande réputation de valeur dans la Gaule et furent un des peuples qui passèrent en Italie sous le règne de Tarquin l'Ancien. Leurs villes étaient : AUTRICUM, puis *Carnutes* (Chartres), sur l'Eure, *Autura*, qui lui avait donné son nom; *Durocasses* (Dreux), où l'on croit que les druides tenaient tous les ans leur assemblée générale.

Les AURÉLIENS, *Aureliani* (le S. O. du département du Loiret et le S. E. de celui de Loir-et-Cher). Ce peuple, qui dépendait auparavant des Carnutes, fut, à ce que l'on croit, rendu indépendant par l'empereur Aurélien, qui donna son nom à leur capitale, AURELIANUM (Orléans), appelée auparavant *Genabum*, ville très-commerçante, qui avait été brûlée par César.

65. III. LYONNAISE SECONDE. — Cette province était située au N. O. de la Quatrième Lyonnaise, sur les deux rives de la Seine et sur les bords de l'Océan Britannique; elle était en outre arrosée par l'Orne, *Olina*, et la Vire, *Agenus*.

PEUPLES ET VILLES REMARQUABLES :

66. Les VELIOCASSES, *Veliocasses*, au N. O. des Parisiens (le N. O. du département de Seine-et-Oise, le N. E. de celui de l'Eure et le S. E. de celui de la Seine-Inférieure); capitale ROTOMAGUS (Rouen), sur la Seine. Quoique César n'en fasse pas mention, il paraît que c'était une ville considérable; elle devint la métropole de la Seconde Lyonnaise; *Briva Isaræ* (Pontoise), au S. E.

67. Les Calètes, *Caleti*, au N. O. des Véliocasses (partie N. O. du département de la Seine-Inférieure); capitale, Juliobona (Lillebonne). — Les Aulerques Éburovices, *Aulerci Eburovices* au S. des Véliocasses (l'E. du département de l'Eure); capitale, Mediolanum, puis *Eburovices* (Évreux).—Les Lexoviens, *Lexovii*, au N. O. des Aulerques Éburovices (l'O. du département de l'Eure, et l'E. de celui du Calvados); capitale, Noviomagus, puis *Lexovii* (Lisieux), au centre. — Les Viducasses, *Viducasses*, à l'O. des Lexoviens (le centre du département du Calvados); capitale, *Viducasses* (Vieux, près de Caen). — Les Bajocasses, *Bajocasses*, à l'O. des Viducasses (partie O. du département du Calvados); capitale Augustodurus, puis *Bajocasses* (Bayeux), au N. E. — Les Unelles, *Unelli*, ou Vénelles, *Venelli*, à l'O. des Bajocasses (le N. du département de la Manche). Villes : Crociatonum (Turquenille, au S. E. de Valognes), au N., capitale ; *Constantia* (Coutances), au S.—Les Abrincatues, *Abrincatui*, au S. des Vénelles (le S. du département de la Manche); capitale, Ingena, puis *Abrincatui* (Avranches).—Les Sésuviens, *Sesuvii*, ou Saïens, *Saii*, au S. des Lexoviens (département de l'Orne), dont la première capitale semble avoir eté Aregenuæ (Argentan), remplacée plus tard par Saii (Séez), vers la source de l'Orne.

68. Sur la côte, vis-à-vis du pays des Vénelles, se trouvent dans l'Océan trois petites îles, savoir : Riduna (Aurigny), Sarnia (Guernesey) et Cæsarea (Jersey).

69. IV. Lyonnaise Troisième. — Cette province, qui s'étendait au S. de la Seconde Lyonnaise, occupait en outre toute la presqu'île formée par la Manche, *Oceanus Britannicus*, au N., et l'Océan Atlantique, à l'O. et au S., et qui reçut le nom de Petite-Bretagne, *Britannia Minor*, lorsqu'un corps de Bretons fut venu s'y établir vers la fin du cinquième siècle. Elle était bornée en partie au S. par la Loire, et arrosée en outre par la Mayenne, *Meduana*, et la Vilaine, *Herius*.—Tous les peuples qui habitaient le long des côtes, dans cette province et dans la précédente, portaient, du temps de César, le nom d'Armoricaíns, *Armoricæ civitates*, et formaient une sorte de république fédérative, que ce général eut beaucoup de peine à réduire. Après l'arrivée des Bretons, le nom d'Armorique ne fut plus appliqué qu'à la Bretagne.

PEUPLES ET VILLES REMARQUABLES :

70. Les TURONS, *Turones*, qui occupaient les deux rives de la Loire (département d'Indre-et-Loire) ; capitale CÆSARODUNUM, ensuite *Turones* (Tours), qui devint la métropole de la Troisième Lyonnaise.

Les AULERQUES CÉNOMANS, *Aulerci Cenomani*, au N. O. des Turons (département de la Sarthe) ; une de leurs colonies passa les Alpes sous le règne de Tarquin l'Ancien, et s'établit dans une partie de la Gaule Transpadane (166). Ils avaient pour capitale SUINDINUM, puis *Cenomani* (Le Mans).

Les AULERQUES DIABLINTES, *Aulerci Diablintes*, au N. O. des Cénomans (le N. du département de la Mayenne) ; capitale, NOEODUNUM, puis *Diablintes* (Jublains, à 10 kilomètres S. E. de Mayenne). — Les ARVIENS, *Arvii*, au S. des Diablintes (partie S. du département de la Mayenne) ; capitale, VAGORITUM, puis *Arvii* (aujourd'hui ruinée). — Les ANDES ou ANDÉCAVES, *Andes ou Andecavi*, au S. des Arviens (le N. du département de Maine-et-Loire) ; capitale, JULIOMAGUS, puis *Andecavi* (Angers).

71. Les NAMNÈTES, *Namnetes*, à l'O. des Andécaves (le N. du département de la Loire-Inférieure). Villes principales : CONDIVIGNUM, ensuite *Namnetes* (Nantes), capitale ; *Corbilo* (Couéron), port sur la Loire, une des villes les plus opulentes et les plus considérables de la Gaule au temps de Pythéas, qu'on fait contemporain d'Alexandre le Grand : sa prospérité paraît avoir eu peu de durée ; *Brivates portus* (Brivain près du Croisic), autre port plus au N. O.

72. Les RÉDONS, *Redones*, au N. des Namnètes (département d'Ille-et-Vilaine). Villes principales : CONDATE, puis *Redones* (Rennes), capitale ; *Aletum* (près de Saint-Malo), port sur l'Océan, et sous les Romains, résidence d'un commandant maritime, dont l'autorité s'étendait sur toute la côte appelée *Armoricanus* et *Nervicanus Tractus*.

Les CURIOSOLITES, *Curiosolites*, au N. O. des Redons (l'E. du département des Côtes-du-Nord) ; capitale, CURIOSOLITES (Corseuil, à 9 kilomètres de Dinan, dont on ignore le nom primitif.)

73. Les VÉNÈTES, *Veneti*, au S. E. des Curiosolites (département du Morbihan), le long de la côte de l'Océan et autour du Morbihan, appelé par César mer Fermée, *Conclusum mare*, et sur les lagunes duquel étaient bâties les villes des Vénètes ; ce qui donna à ce général beaucoup de peine pour les réduire lors du soulèvement de la Gaule contre les Romains. Les Vénètes étaient le plus puissant des peuples armoricains; supériorité qu'ils devaient surtout à leur habileté dans la marine. On croit que c'est d'eux que descendent les *Vénètes* ou *Hénètes* d'Italie (175). Ils avaient pour capitale DARIORIGUM, puis *Veneti* (Vannes), et possédaient aussi les petites îles situées vis-à-vis de la côte de leur pays, connues sous le nom de VENETICÆ INSULÆ, îles des Vénètes, dont la principale se nommait *Vendilis* (Belle-Ile).

74. Les OSISMIENS, *Osismii*, à l'O. des Curiosolites et des Vénètes (l'O. du département des Côtes-du-Nord et celui du Finistère). Villes principales : VORGANIUM, puis *Osismii* (Concarneau, au S. E. de Quimper), capitale; *Gesocribate* (Brest), port sur l'Océan, plus au N. O.

Près de la côte se trouvent plusieurs petites îles dont les plus remarquables sont : UXANTIS (Ouessant) et SENA (Sein). Cette dernière était habitée par neuf prêtresses appelées Gallicènes, *Gallicenæ*, auxquelles les Gaulois attribuaient le don d'exciter des tempêtes par leurs enchantements, de prendre à leur gré la forme de toutes sortes d'animaux, de prédire l'avenir et de guérir toutes les maladies.

III. AQUITAINE.

75. POSITION ET DIVISION. — L'Aquitaine occupait tout le S. O. de la Gaule, et se divisait en trois provinces, savoir : la *Première Aquitaine*, à l'E.; la *Seconde*, à l'O.; et la *Novempopulanie*, au S. de la Seconde Aquitaine.

76. AQUITAINE PREMIÈRE. — Cette province s'étendait au S. de la Quatrième Lyonnaise et au S. O. de la Première, jusqu'à la Première Narbonnaise, au S. et au S. E. Les Cévennes, *Cebenna mons*, la séparaient en partie de cette dernière province; elle était arrosée par un grand nombre de rivières, dont les principales étaient, outre la Loire, dont nous avons déjà parlé, le Cher, *Caris*, la Vienne, *Vigenna*, la Dordogne, *Durannius*, le Lot, *Oltis*, et le Tarn, *Tarnis*.

PEUPLES ET VILLES REMARQUABLES.

77. Les BITURIGES, *Bituriges*, surnommés CUBIENS, *Cubii*, pour les distinguer de ceux qui habitaient dans la Seconde Aquitaine (85), au N. de la province (l'O. du département de l'Allier, ceux du Cher et de l'Indre); capitale, AVARICUM, puis *Bituriges* (Bourges), une des plus belles, des plus grandes et des plus fortes villes de la Gaule, du temps de César, qui ne la prit qu'après un siége très-difficile, pendant lequel périrent près de quarante mille Bituriges. Elle devint par la suite la métropole de la première Aquitaine.

Ce peuple, qui était encore un des plus puissants de la Gaule sous les Romains, paraît avoir dominé dans ce pays 600 ans avant l'ère chrétienne et avoir donné des rois à la Celtique. Un d'eux, nommé *Ambigat*, envoya ses neveux *Bellovèse* et *Sigovèse*, à la tête d'armées très-nombreuses, s'établir, le premier en Italie, et le second dans la Germanie.

78. Les LÉMOVICES, *Lemovices*, au S. des Bituriges (départements de la Creuse, de la Haute-Vienne et de la Corrèze); capitale, AUGUSTORITUM, puis *Lemovices* (Limoges.)

79. Les ARVERNES, *Arverni*, au S. E. des Bituriges (le S. E. du département de l'Allier, ceux du Puy-de-Dôme et du Cantal); ils se vantaient d'être du même sang que les Romains, issus comme eux d'une colonie de Troyens qui, disait-on, étaient venus s'établir dans la Gaule sous la conduite d'Auténor. C'était un peuple très-puissant, dont le roi Vercingétorix fut choisi pour chef de la nombreuse armée que les Gaulois confédérés opposèrent à César. Villes principales : AUGUSTONEMETUM, puis *Arverni* (Clermont-Ferrand), capitale; *Gergovia*, Gergovie, au S. E., place très-forte sur une haute montagne, assiégée inutilement par César.

80. Les VELLAVES, *Vellavi*, au S. E. des Arvernes, dont ils dépendaient au temps de César (une grande partie du département de la Haute-Loire); capitale, REVESSIO, puis *Vellavi* (Saint-Paulien, à 14 kilomètres N. O. du Puy). — Les GABALES, *Gabali*, au S. O. des Vellaves (une grande partie du département de la

Lozère); capitale, ANDERITUM (Antérieux), et plus tard *Gabali* (Javols, à 21 kilomètres N. E. de Marvejols). Ce peuple dépendait aussi des Arvernes au temps de César. Les fromages de ce pays, et surtout ceux de la Lozère, *Lesura mons*, étaient très-estimés des Romains.

81. Les RUTÈNES, *Ruteni*, au S. O. des Arvernes, divisés en *Libres*, au N. (département de l'Aveyron), et *Provinciaux*, au S. (tout le N. du département du Tarn). Les premiers avaient pour capitale SEGODUNUM, puis *Ruteni* (Rodez); les seconds sont appelés par César *Provinciales*, parce que de son temps ils faisaient partie de la Province Romaine, dont ils furent séparés plus tard pour être réunis à l'Aquitaine : ils avaient pour capitale ALBIGA (Albi).

82. Les CADURCES, *Cadurci*, à l'O. des Rutènes (le département du Lot et le N. de celui de Tarn-et-Garonne). Villes principales : DIVONA, puis *Cadurci* (Cahors), capitale; *Uxellodunum*, au N. (auj. Capdenac, à 4 kilomètres S. E. de Figeac), la dernière place qui tint dans les Gaules contre César, et célèbre par le siége qu'il fut obligé d'en faire, et qui lui donna beaucoup de peine.

83. II. AQUITAINE SECONDE. — Cette province, située à l'O. de la Première, s'étendait le long des côtes de l'Océan Atlantique. — Ses principales rivières étaient, outre la Loire, qui la bornait au N., et la Garonne, qui la traversait au S., la Charente, *Carantonus*, et la Dordogne, *Durannius*.

PEUPLES ET VILLES REMARQUABLES :

84. Les PICTONS OU PICTAVES, *Pictones* ou *Pictavi*, au N. (le S. des départements de la Loire-Inférieure et de Maine-et-Loire, ceux de la Vendée, des Deux-Sèvres et de la Vienne): capitale, LIMONUM, puis *Pictavi* (Poitiers), où l'on trouve des restes précieux d'antiquités.

85. Les SANTONS, *Santones*, au S. des Pictons (départements de la Charente et de la Charente-Inférieure). Villes principales : MEDIOLANUM, puis *Santones* (Saintes), une des villes les plus florissantes de l'Aquitaine, au 4e siècle; le port des Santons, *Santonum Portus* (vers Marennes); *Iculisna* (Angoulême). — Sur la côte habitée par ce peuple, se trouvait l'île nommée ULIARUS (Oléron).

Les **Bituriges Vivisques**, *Bituriges Vivisci*, au S. des Santons (le N. du département de la Gironde); capitale, Bur-digala (Bordeaux); elle devint la métropole de la Seconde Aquitaine, et jouit de grands priviléges, ayant, comme Rome, son sénat et ses consuls. Elle se fit aussi remarquer par ses écoles, qui ont produit une foule de savants distingués, entre autres le poëte Ausone. — A l'embouchure de la Gironde, se trouvait l'île d'*Antros* (la tour de Cordouan).

86. Les Pétrocoriens, *Petrocorii*, à l'E. des Bituriges (département de la Dordogne); capitale, Vesunna, puis *Petrocorii* (Périgueux), qui a conservé beaucoup d'antiquités.

Les Nitiobriges, *Nitiobriges*, au S. des Pétrocoriens (département de Lot-et-Garonne); capitale, Aginnum (Ágen).

87. III. Novempopulanie. — Cette province, située au S. de la Seconde Aquitaine, occupait l'extrémité S. O. de la Gaule, et tirait son nom des neuf principaux peuples qui l'habitaient, et qui sont peu connus aujourd'hui. — Après la Garonne, sa principale rivière était l'Adour, *Atur*.

Peuples et Villes remarquables :

88. Les Tarbelles, *Tarbelli*, le long de l'Océan Aquitanique (partie O. des départements des Landes et des Basses-Pyrénées). Villes principales : Aquæ Tarbellicæ (Dax), qui tirait son nom d'une source d'eau chaude qu'on y voit encore; *Lapurdum* (Bayonne), forteresse construite par les Romains.

89. Les Élusates, *Elusates*, au centre de la province (l'E. du département des Landes et l'O. de celui du Gers); capitale, *Elusa* (Éauze), qui fut pendant quelque temps la métropole de la Novempopulanie.

Les Ausciens, *Ausci*, au S. E. des Élusates (la plus grande partie du département du Gers); capitale, Climberris, puis *Augusta Ausciorum* et *Ausci* (Auch), qui devint, après Elusa, la métropole de la Novempopulanie.

90. Les Vasates, *Vasates*, au N. E. des Tarbelles (le S. E. du département de la Gironde): capitale, Cossio, puis *Vasates* (Bazas), patrie du médecin Ausone, père du poëte. — Au S. E. de ce peuple habitaient les Sotiates, *Sotiates*, dont le territoire paraît avoir été peu considérable, mais qui opposèrent une vigoureuse résistance à Crassus, qui fit le siége de leur capitale, *Sotiates* (Sos). — Les LACTORATES, *Lactorates*, à l'E. des Élusates (le N. O. du département du Gers); capitale, *Lactora* (Lectoure). — Les BIGERRIONS, *Bigerriones* ou *Begerri*, au S. O. des Ausciens (la plus grande partie du département des Hautes-Pyrénées), capitale, TURBA (Tarbes). — Les ÇONVÈNES, *Convenæ*, à l'E. des Bégerrions (départements des Hautes-Pyrénées, partie S. E., et de la Haute-Garonne, partie S. O.); ils étaient Espagnols d'origine, et habitaient le sommet des Pyrénées, d'où ils descendaient piller les campagnes voisines. Pompée, à son retour d'Espagne, les força à descendre dans la plaine. Ce fut alors qu'ils bâtirent *Lugdunum Convenarum* (Saint-Bertrand-de-Comminges), sur une colline, près de la Garonne. — Les CONSORANS, *Consoranni*, à l'E. des Convènes (le S. du département de l'Ariége); il paraît qu'ils s'étendaient jusque dans la Narbonnaise. Leur capitale était CONSORANNI (Conserans ou Couserans, détruite).

iv. NARBONAISE.

91. POSITION ET DIVISION. — La NARBONNAISE, *Narbonensis*, occupait toute la partie S. E. de la Gaule et se divisait en cinq provinces : la *Première Narbonnaise*, au S. O.; la *Viennoise*, au centre ; la *Seconde Narbonnaise*, à l'E. de la Viennoise; les *Alpes Grecques et Pennines*, au N. E. de la Viennoise ; et les *Alpes Maritimes*, au S. des précédentes.

92. I. NARBONNAISE PREMIÈRE. — Cette province, située autour du golfe de Gaule, *Gallicus Sinus* (golfe du Lion), était arrosée par l'Aude, *Atax*, et touchait le Rhône à l'E. Elle était entièrement habitée par un peuple nommé les Volces, *Volcæ*, qui avaient formé des établissements jusque dans l'Asie Mineure (322), et qui furent soumis par les Romains l'an de Rome 633. Ils se divisaient en *Volces Tectosages*, au S. O., et *Arécomiques*, au N. E., et se subdivisaient en plusieurs peuples ainsi que nous allons le voir.

PEUPLES ET VILLES REMARQUABLES :

93. Les TOLOSATES, *Tolosates*, le plus septentrional des peuples, appelés *Volces Tectosages* (le département de Tarn-et-Garonne, presque tout celui de la Haute-Garonne, et une petite partie de celui de l'Aude). Ce peuple possédait d'immenses richesses, qu'il conservait dans des étangs consacrés aux dieux; il avait pour capitale TOLOSA (Toulouse), une des plus anciennes villes des Gaules, capitale de tout le pays des Tectosages, et l'une des plus importantes de la Gaule sous les Romains.

94. LES ATACINS, *Atacini*, au S. E. des Tolosates (la plus grande partie des départements de l'Aude et de l'Hérault); ils tiraient leurs noms de la rivière dont ils habitaient les bords, et avaient pour villes principales : NARBO-MARTIUS (Narbonne), la première colonie établie par les Romains dans les Gaules, et longtemps la capitale de tout le pays possédé par eux; métropole de la Première Narbonnaise, fameuse par son commerce et par la culture des lettres.

CARCASO (Carcassonne), au S. O. de Narbonne : elle jouissait, sous les Romains, du droit de se gouverner selon ses lois; BÆTHARÆ (Béziers), au N. E. de Narbonne : on y trouve des restes d'antiquités; AGATHA (Agde) à l'E. de Béziers, fondée par les Marseillais (101); LUTEVA (Lodève), au N. E. de Béziers.

Les SARDONS, *Sardones*, au S. des Atacins (département des Pyrénées-Orientales). Villes principales : RUSCINO (Castel-Roussillon), qui a donné son nom au *Roussillon*, et des ruines de laquelle on a bâti, à 4 kilomètres environ, la ville de Perpignan; ILLIBERIS, puis *Helena* (Elne), qui était une ville considérable lors du passage d'Annibal d'Espagne dans la Gaule; *Portus Veneris* (Port-Vendres).

95. LES VOLCES ARÉCOMIQUES, *Volcæ Arecomici*, au N. E. des Atacins (département du Gard, et l'E. de celui de l'Hérault); capitale, NEMAUSUS (Nîmes), l'une des plus anciennes villes des Gaules. Les Romains y envoyèrent une colonie, et la décorèrent de monuments dont les restes sont les plus beaux morceaux d'antiquités romaines qui soient en France.

96. II. VIENNOISE. — Cette province, située à l'E. de la Première Narbonnaise, et presque entièrement sur la rive gauche du Rhône, était arrosée par l'Isère, *Isara*, la Drôme, *Druna*, et la Durance, *Druentia*.

97. Les Allobroges, *Allobroges*, au N. (le canton de Genève, le N. O. de la Savoie, le S. E. du département de l'Ain, celui de l'Isère, le N. de celui de la Drôme et de celui de l'Ardèche). Ce peuple, compté parmi les plus puissants et les plus courageux de la Gaule, résista longtemps aux Romains ; ses villes principales étaient : Geneva (Genève), déjà considérable du temps des Romains ; Vienna (Vienne), au S. O., capitale des Allobroges, et par la suite, métropole de la Viennoise, qui lui dut son nom, et l'une des principales villes de la Gaule, Pilate, gouverneur de la Judée, y fut relégué par Caligula, et s'y donna la mort.

98. Les Ségalaunes, *Segalauni*, au S. des Allobroges, le long du Rhône (département de la Drôme, partie centrale); capitale Valentia (Valence), où Quintus Fabius Maximus défit les Allobroges, l'an de Rome 632. — Tes Tricastins, *Tricastini*, au S. des Ségalaunes (même département, partie S. O.); capitale, Augusta Tricastinorum (Aoust en Diois). — Les Vocontiens, *Vocontii*, à l'E. des deux peuples précédents (même département, partie E.): ils jouissaient du privilége de se gouverner par leurs lois, et avaient pour villes principales : *Dea Vocontiorum* (Die), *Lucus Augusti* (Luc). Vasio (Vaison), capitale, l'une des villes les plus riches et les plus florissantes de la Narbonnaise ; patrie de l'historien Trogue-Pompée, abrégé par Justin. — Les Helviens, *Helvii*, sur la rive droite du Rhône (le S. du département de l'Ardèche). Ce peuple, placé par quelques géographes au N. E. de la Première Narbonnaise, avait pour capitale Alba Augusta ou Alba Helviorum (Alps, à 11 kilomètres de Viviers), fameuse dans l'antiquité par la quantité de vin que produisait son territoire.

99. Les Cavares, *Cavares*, au S. des Tricastins et des Vocontiens (presque tout le département de Vaucluse, et le N. de celui des Bouches-du-Rhône); une des plus puissantes nations de ces contrées. Villes principales : Arausio (Orange), capitale : on y voit encore un superbe arc de triomphe (ouvrage des Romains ; *Carpentoracte* (Carpentras); *Avenio*, (Avignon), distinguée par ses richesses.

100. Les Anatiliens, *Anatilii*, vers les embouchures du Rhône (le S. O. du département des Bouches-du-Rhône); capitale, Tarasco (Tarascon); Arelate (Arles) : son commerce et les monuments dont elle fut décorée par les Romains, et dont elle possède encore quelques-uns, la rendirent une des villes les plus riches et les plus magnifiques de cette province; Ausone, au quatrième siècle, l'appelle *la Rome des Gaules*, et elle devint, au cinquième, comme la capitale de quatre des cinq provinces de la Narbonnaise, qui y tenaient leurs États. C'est la patrie de Constantin le Jeune et de saint Ambroise.

101. Les Marseillais, *Massilienses*, au S. E. des Anatiliens (le S. E. du département des Bouches-du-Rhône); colonie de Phocéens venus d'Ionie, 600 ans avant J. C. Ils formèrent longtemps une république indépendante, célèbre par la sagesse de son gouvernement, par son commerce et par les sciences et les arts qu'elle introduisit dans les Gaules. Capitale, Massilia (Marseille), réduite par César sous la puissance des Romains; patrie de Pythéas, savant astronome et navigateur, et de l'écrivain Pétrone, favori de Néron.

102. III. Narbonnaise Seconde. — Cette province, située à l'O. de la Viennoise, était arrosée par la Durance, *Druentia*.

Peuples et Villes remarquables.

103. Les Tricoriens, *Tricorii*, au N. (le S. O. des Hautes-Alpes); capitale, Vapincum (Gap). — Les Mémines, *Memini*, au S. des Tricoriens (l'O. des Basses-Alpes). Villes principales : Forum Néronis (Forcalquier); *Segustero* (Sisteron). — Les Vulgientes, *Vulgientes*, à l'O. des Mémines (le S. E. du département de Vaucluse); capitale, Apta Julia (Apt). — Les Albièces, *Albiæci*, appelés ensuite *Reïens*, à l'E. des Mémines (le S. du département des Basses-Alpes); capitale Albiorce, puis *Reii* (Riez).

104. Les Salyens, *Salyes*, au S. des Vulgientes et des Albièces (le N. E. du département des Bouches-du-Rhône). Ce fut à l'occasion des guerres de ce peuple avec les Marseillais que les Romains, sous prétexte de porter du secours à ces derniers, qui étaient leurs alliés, entrèrent dans la Gaule, et commencèrent la conquête du pays qui forma depuis la *Province romaine*. Les Salyens avaient pour capitale Aquæ Sextiæ (Aix), qui tirait son nom des eaux thermales qui s'y trouvent en abondance; elle devint la métropole de la Seconde Narbonnaise. On croit que ce fut à peu de distance de cette ville que Marius défit les Teutons, auxquels il tua 200 mille hommes et fit 80 mille prisonniers.

Les Commones, *Commoni*, à l'E. des Marseillais (le S. O. du département du Var); capitale, Telo Martius (Toulon).

On trouve sur la côte de ce pays les îles Stéchades, *Stœchades insulæ* (les îles d'Hyères), au nombre de trois, et qui appartenaient aux Marseillais.

105. Les Sueltères, *Suelteri*, au N. E. des Commones (le centre du département du Var); capitale, Forum Julii (Fréjus); colonie romaine que son port, alors sûr et vaste, mais aujourd'hui comblé par les sables, rendit, sous les empereurs romains, une des places les plus importantes de la Narbonnaise. C'est la patrie de Cornélius Gallus, poëte, ami de Virgile, et d'Agricola, beau-père de Tacite.

Les Oxybiens, *Oxybii*, au N. E. des Sueltères (même département), sur les côtes de la mer ; capitale, Ægitna (probablement Cannes). — Les Déciates, *Deciates*, au N. E. des Oxybiens (l'E. du département du Var); capitale, Antipolis (Antibes), colonie de Marseille, qui devint si considérable, que les Romains la lui enlevèrent pour la soumettre à leur juridiction.

106. IV. Alpes Pennines et Grecques. — Cette province, qui, dans la suite, fut démembrée de la Narbonnaise, était arrosée par le Rhône. — On prétend que les Alpes Grecques ont tiré leur nom du passage d'Hercule par ce pays lorsqu'il se rendait en Espagne pour combattre Géryon.

Peuples et Villes principales :

107. Les Centrons, *Centrones*, au S. (dans la Savoie); capitale, Darantasia (Moûtiers), qui remplaça une autre capitale nommée *Forum Claudii*. Cette nation, qui était fort puissante, réunie aux Caturiges et aux Garocèles, peuples des Alpes Maritimes, essaya de s'opposer au passage de César à travers les Alpes. — Au N. E. se trouve la montagne appelée proprement *Alpis Graia*, l'Alpe Grecque (le Petit Saint-Bernard).

108. Les NANTUATES, *Nantuates*, les VÉRAGRES, *Veragri*, les SÉDUNS, *Seduni*, et les VIBÈRES, *Viberi*, connus sous le nom général de VALLENSES, parce qu'ils habitaient la vallée Pennine, au S. de l'*Alpe Pennine* (le Grand Saint-Bernard, dans la partie S. O. de la Suisse). Ils avaient pour villes principales : OCTODURUS (Martigni), capitale des Véragres ; AGAUNUM (Saint-Maurice, dans le Valais), où eut lieu le martyre de la légion Thébaine, en 286 ; SEDUNUM (Sion), capitale des Séduns.

109. V. ALPES MARITIMES. — Cette province, située au S. E. de la Gaule, était arrosée par le Var, *Varus*.

PEUPLES ET VILLES PRINCIPALES :

110. Les CATURIGES, *Caturiges*, au N. (l'E. du département des Hautes-Alpes); peuple puissant qui, comme nous l'avons dit, essaya d'arrêter César au passage des Alpes. Villes principales : CATURIGES (Chorges entre Gap et Embrun), ancienne capitale; EBRODUNUM (Embrun), qui fut la métropole de la province; *Brigantio* (Briançon).

111. Les AVANTIQUES, *Avantici*, et les BODIONTIQUES, *Bodiontici*, à l'O. (l'E. du département des Basses-Alpes); capitale, DINIA (Digne).

112. Les SUÈTRES, *Suetri*, au S. E. des Avantiques et des Bodiontiques (le N. E. du département du Var), capitale, SALINÆ (Seillans). — Les NÉRUSES, *Nerusi*, au S. des Suètres (le S. E. du même département); capitale, VINCIUM (Vence). — Les SENTIENS, *Sentii* (le S. E. des Basses-Alpes); capitale, SANITIUM (Senez).

113. On attribue quelquefois encore à la Gaule divers peuples *Ligures*, appelés par les Romains *Capillati*, chevelus, parce qu'ils laissaient flotter sur le cou leur longue chevelure; mais ces peuples montagnards, parmi lesquels on comprend les VÉDIANTIENS, *Vediantii*, habitant au delà du Var, doivent être considérés comme appartenant à l'Italie, dont le fleuve que nous venons de nommer a de tout temps formé la limite.

GERMANIE.*

114. BORNES ET FORÊTS. — Les Romains comprenaient sous le nom de *Grande Germanie*, ou Germanie proprement dite, tout le pays renfermé entre le Rhin, à l'O.; le Danube, au S.; la Vistule, à l'E.; le golfe *Codanus* et l'Océan Germanique, au N. Une grande partie de ce pays, fort peu connue alors, était couverte de forêts auxquelles on donnait le nom général de forêt Hercynie, *Hercynia silva*, qui s'appliquait particulièrement à celles qui se trouvaient à l'E. du pays appelé la Bohême, *Boiohemum :* la partie de la forêt Hercynie appelée *Marciana sylva*, la forêt Marciana, paraît être la *forêt Noire*.

115. FLEUVES ET DIVISIONS. — Les principaux fleuves de cette vaste contrée étaient, outre le Rhin, dont nous avons déjà parlé : le Wéser, *Visurgis;* l'Elbe, *Albis;* la Vistule, *Vistula*, et l'Oder, *Viadrus*. Les trois premiers servent à établir la division de ce pays en trois parties, savoir : *Germanie entre le Rhin et le Wéser, Germanie entre le Wéser et l'Elbe,* et *Germanie entre l'Elbe et la Vistule*. Nous allons faire connaître les peuples les plus remarquables de chacune de ces trois divisions.

116. I. GERMANIE ENTRE LE RHIN ET LE WÉSER. — La Germanie entre le Rhin et le Wéser (le N. du royaume des Pays-Bas, partie du Hanovre, du grand-duché du Bas-Rhin, grand-duché d'Oldenbourg, Hesse, Nassau, Bade et Wurtemberg) était habitée par les Francs, FRANCI, qui ne furent connus sous ce nom que dans le milieu du troisième siècle; c'était une ligue composée de tous les peuples du N. de la partie de la Germanie dont nous nous occupons, jusqu'au Main, et dont les principaux étaient :

117. Les FRISONS, *Frisii* (le N. des Pays-Bas), qui habitaient autour du lac *Flevo*, formé par une branche du Rhin

---

* Consulter, dans mon *Atlas à l'usage des colléges*, la carte de l'EMPIRE ROMAIN.

qui y passait, et devenu depuis le golfe du Zuiderzée. — Les BRUCTÈRES, *Bructeri*, au S. des Frisons (grand-duché du Bas-Rhin). — Les CHAMAVES, *Chamavi*, qui occupaient une partie du pays des Bructères. — Les SICAMBRES, *Sicambri* (Nassau et Bade), peuple puissant, le plus belliqueux de la Germanie, qui osa dire à César que la domination romaine finissait au Rhin, et qu'il n'avait rien à voir au delà de ce fleuve. Tels furent les peuples qui, en s'emparant de la Gaule vers le commencement du cinquième siècle, fondèrent la monarchie française.

118. Les ALLEMANDS, *Alemanni* (Wurtemberg), qui occupaient tout le S. de cette même partie de la Germanie, entre le Rhin, le Main et le Danube, paraissent aussi avoir été une nation composée de plusieurs peuples réunis sous le même nom.

119. On peut citer dans cette partie de la Germanie deux endroits remarquables : la forêt de TEUTBERG, *Teutoburgiensis Saltus* (près de Paderborn), au voisinage de laquelle se trouve aujourd'hui le hameau de *Rœmerfeld*, dont le nom, qui signifie *Champ des Romains*, atteste encore la défaite de trois légions romaines commandées par Varus, qui y furent entièrement massacrées sous le règne d'Auguste, l'an 9 de J.-C., par Arminius chef des *Chérusques*, peuple qui habitait entre le Wéser et l'Elbe. — AQUÆ MATTIACÆ (Wiesbaden, bains chauds, au N. de Mayence), sources chaudes que les Romains s'approprièrent, et qu'ils renfermèrent ensuite dans une petite province prise sur la Germanie, et défendue contre les barbares par un mur appelé *Vallum Romanum*, dont on trouve encore des vestiges.

120. II. GERMANIE ENTRE LE WÉSER ET L'ELBE. — La Germanie entre le Wéser et l'Elbe (la plus grande partie du Hanovre, partie de la Prusse, presque toute la Saxe et la Bohême, et une bonne partie de la Bavière) avait pour habitants :

121. Les CHAUQUES, *Chauci majores* (le N. du Hanovre), divisés en *Grands* et en *Petits* par le Wéser, vers l'embouchure duquel ils habitaient, les premiers à sa droite et les seconds à sa gauche. Tacite les désigne comme celui des peuples germains qui avait les sentiments les plus nobles et les plus élevés.

Les CHÉRUSQUES, *Cherusci* (le S. du Hanovre), au S. des Chauques. Nous avons parlé du massacre qu'ils firent de trois légions romaines commandées par Varus (119).

122. Les CATTES, *Catti* (Hesse), au S. des Chérusques, dont ils étaient séparés par une forêt appelée *Bacenis*. Leur infanterie passait pour la meilleure de la Germanie; ils furent souvent en guerre avec les Romains, qui en triomphèrent plusieurs fois.

Les HERMUNDURES, *Hermunduri* (partie de la Bavière au N. du Danube), au S. des Cattes. Fidèles alliés des Romains, ils avaient le droit exclusif d'entrer sur les terres de l'empire pour y trafiquer.

123. Les MARCOMANS, *Marcomanni* (Bohême), qui habitaient d'abord, vers les sources du Danube, le pays qui fut appelé ensuite *Decumates Agri*, parce que les Romains, après l'avoir subjugué, faisaient payer tous les ans, aux habitants qui y restèrent, la dîme de leurs revenus; au moment de l'invasion des Romains, ils cherchèrent à se soustraire au joug en se jetant sur le *Boiohemum* (la Bohême), d'où ils chassèrent les Boïens, *Boii*, qui passèrent dans la Vindélicie, à laquelle ils donnèrent leur nom, *Boiaria* (Bavière méridionale).

124. III. GERMANIE ENTRE L'ELBE ET LA VISTULE. — La Germanie entre l'Elbe et la Vistule (Holstein, Mecklembourg, la plus grande partie du royaume de Prusse, une petite partie de la Saxe, Moravie, Autriche, et partie de la Pologne) portait aussi le nom de Suévie, *Suevia*, qu'elle tirait des Suèves, *Suevi*, le plus puissant des peuples qui l'habitaient, et dont le roi Arioviste est fameux dans les *Commentaires de César*.

125. Les principaux peuples compris sous le nom général de Suèves étaient :

126. Les VINDILES, *Vindili* (Mecklembourg), qui habitaient à l'E. des Saxons, le long du rivage de la mer, jusqu'au *Viadrus*. C'est le même peuple qui, sous le nom de Vandales, s'est rendu si célèbre par ses incursions dans toute l'Europe et même dans l'Afrique, où sa domination fut enfin anéantie par le fameux Bélisaire, après avoir duré cent cinq ans. — Les RUGIENS, *Rugii*, qui ont donné leur nom à l'île de *Rugen*, dans la mer Baltique, paraissent avoir fait partie de ce peuple.

127. Les BURGONDIONS ou BOURGUIGNONS, *Burgundiones* (partie de la Poméranie, et le N. de la Prusse occidentale), occupaient toute la partie de la côte du golfe *Codanus*, entre le *Viadrus*, à l'O., et la Vistule, à l'E. Ils passèrent dans la Gaule au commencement du cinquième siècle, et y fondèrent, dans le pays qui porte leur nom, un royaume qui a subsisté pendant plus d'un siècle.

128. Les LANGOBARDS, *Langobardi*, et, par corruption, les Lombards (grand-duché de Brandebourg), au S. des Vindiles. Quelques-uns croient que ce furent ces mêmes Lombards qui, dans le sixième siècle, fondèrent en Italie le royaume de Lombardie, détruit deux siècles après par Charlemagne; d'autres font venir ces derniers Lombards de la Scythie.

129. Les SEMNONS, *Semnones* (Lusace et Basse-Silésie), au S. des Langobards. Ce peuple, qui était fort nombreux, se prétendait la plus noble des nations suéviques.

Les QUADES, *Quadi* (Moravie et partie de la Basse-Autriche), à l'E. du Boiohemum. C'était de tous les peuples de la Germanie celui qui aimait le plus le pillage, et en même temps, quoique cela paraisse singulier, le plus hospitalier à l'égard des étrangers qui passaient chez eux.

VINDÉLICIE.

130. Bornes et Villes principales. — La Vindélicie, *Vindelicia* (partie méridionale de la Bavière et du grand-duché de Bade), bornée à l'O. par le lac de Constance, au N. par la Germanie, à l'E. par le Norique, et au S. par la Rhétie, avait pour villes principales :

131. Augusta Vindelicorum, auparavant *Damasia* (Augsbourg), sur le *Licus* (Lech). Elle tirait son nom d'Auguste, qui y fit passer une colonie lorsque la Vindélicie eut été conquise par Tibère.

132. Brigantia (Brégenz), située sur le lac auquel elle donnait sou nom, *Brigantinus lacus* (lac de Constance).

RHÉTIE.

133. Bornes et Villes principales. — La Rhétie, *Rhœtia* (pays des Grisons et Tyrol), bornée à l'O. par l'Helvétie, qui faisait partie de la Grande-Séquanaise, au N. par la Vindélicie, à l'E. par le Norique et la Vénétie, et au S. par les Alpes Rhétiques, qui la séparaient de la Gaule Cisalpine, avait pour villes principales :

134. Curia (Coire), sur la rive droite du Rhin.

135. Tridentum (Trente), au S.E., sur l'*Athesis* (Adige). Non loin de cette ville était *Terioli*, qui paraît avoir donné son nom au Tyrol.

NORIQUE.

136. Bornes, Rivières et Villes principales. — Le Norique, *Noricum* (partie de la Bavière et de l'Autriche), borné à l'O. par la Vindélicie et la Rhétie, au N. par la Germanie, à l'E. par la Pannonie, et au S. par les Alpes Noriques, qui le séparaient de la Vénétie, était arrosé par la Drave, *Dravus*, et la Save, *Savus*, qui se jettent dans le Danube, et avait pour villes principales :

137. Boiodurum (Innstadt, dans la Bavière), vis-à-vis du confluent de l'Inn et du Danube, et qui paraît avoir été fondée par les Boïens, chassés de la Bohême par les Marcomans, sous le règne d'Auguste (123).

138. LAURIACUM (Lorch), sur le Danube, ville importante où les Romains entretenaient une garnison et une flotte en station sur le Danube.

PANNONIE.

139. BORNES ET VILLES PRINCIPALES. — La PANNONIE, *Pannonia* (partie de l'Autriche et de la Hongrie), bornée à l'O. par le Norique, au N. et à l'E. par le Danube, qui la sépare de la Germanie et de la Dacie, au S. O. par l'Illyrie, avait pour villes principales :

SIRMIUM (Sirmich), au S. E., sur la Save, colonie romaine, qui devint une des plus grandes villes de l'empire. Elle vit naître *Probus* et plusieurs autres empereurs ; Marc-Aurèle y mourut.

CIBALIS (Swilei), aussi sur la Save, patrie de l'empereur Valentinien Ier, et près de laquelle Constantin défit Licinius, qui lui disputait l'empire. — SISCIA (Sissek, bourgade en Croatie), au N. O. de Cibalis, colonie romaine, dans une île formée par le *Colapis* (Culp), rivière qui se jette dans la Save. — MURSA (Eszeck), sur la Drave ; il s'y livra entre l'empereur Constance et Magnence une bataille si meurtrière, qu'elle livra l'empire romain affaibli à l'invasion des barbares. — BREGETIO, au N. E. de Siscia (en ruines), sur le Danube. L'empereur Valentinien Ier y mourut d'un accès de colère. — VINDOBONA (Vienne), au N. O., sur le Danube. Marc-Aurèle y tomba malade.

DACIE.

140. La DACIE, *Dacia* (partie de la Hongrie, Transylvanie, à l'Autriche ; Moldavie et Valachie, à la Turquie, et une petite partie de la Russie), était bornée à l'O. par la Germanie et la Pannonie ; au N. par les monts *Carpathes* (Krapacks), et le *Tyras* ou *Danaster* (Dniestr), qui la sépare de la Sarmatie, à l'E. par ce dernier fleuve et par le Pont-Euxin, qui, avec le Danube, la borne aussi au S. — Elle était habitée par les Daces et les Gètes, qui parlaient la même langue, et étaient réunis sous le même gouvernement. Ils ne furent subjugués que par Trajan.

141. Villes. — Les principales étaient :

Tibiscus (Temesvar), à l'O., près de laquelle sont les restes de grands retranchements élevés par les Romains pour protéger la Dacie contre les incursions des nations voisines.

Zarmizegethusa, puis *Ulpia Trajana* (Var-Hel ou Gradisca), à l'E. de Tibiscus, où Trajan établit une colonie romaine, après avoir vaincu Décébale, dont elle était la capitale.

142. Au centre de ce pays se trouvait une montagne nommée *Cokajon* (Caszon), que les Gètes regardaient comme sacrée, parce qu'elle était la résidence de leur pontife, successeur de *Zalmoxis*, philosophe gète, disciple de Platon, qui avait rapporté dans son pays des connaissances qui le firent honorer comme un dieu. Les Gètes croyaient que son âme passait dans le corps de tous ses successeurs.

ILLYRIE.*

143. BORNES, RIVIÈRES ET DIVISIONS. — L'ILLYRIE, *Illyricum* (partie de la Croatie, Dalmatie et Bosnie), appelée par les Grecs *Illyris*, et *Illyria* sous les empereurs, s'étendait le long de la mer Adriatique, qui lui servait de borne au S. O. Elle avait au N. la Pannonie, au N. O. l'Istrie, au S. E. la portion de la Macédoine appelée quelquefois Illyrie Grecque, *Illyris Græca*, et à l'E. la Mésie. — Le fleuve *Titius* (Kerca) la divisait en deux parties : la *Liburnie*, au N., et la *Dalmatie*, au S. Toutes les îles répandues le long de la côte de la mer Adriatique, qui prend aussi sur ces rivages le nom de mer d'Illyrie, *Illyricum mare*, faisaient également partie de cette contrée.

VILLES. — Les plus remarquables étaient :

144. 1° Dans la Liburnie, habitée par les *Iapydes*, nation mêlée d'Illyriens et de Gaulois, et par les *Liburnes* proprement dits :

METULUM (Mæltling), la principale ville des Iapydes, au siége de laquelle Auguste, alors triumvir, se distingua beaucoup, et dont les habitants aimèrent mieux se brûler dans leur ville que de se rendre aux Romains.

IADERA ou *Jadera* (Zara), à l'O. de Metulum, ville considérable, capitale des Liburnes.

145. 2° Dans la Dalmatie :

SALONA ou *Salonæ* (en ruines, à 5 kilomètres de Spalatro); colonie romaine, dans une belle plaine, près d'un petit golfe qui lui servait de port; célèbre par la retraite de Dioclétien, qui, après avoir abdiqué l'empire, y cultivait un jardin de ses propres mains.

---

* Consulter, dans mon *Atlas à l'usage des colléges*, les cartes de l'ITALIE et de l'EMPIRE ROMAIN.

146. DELMINIUM (Delminio), au S. E. de Salone, capitale des Dalmates, ruinée par Scipion Nasica.

SCODRA (Scutari), au S. E. de Delminium, près d'un lac nommé anciennement *Labeatis palus* (lać de Scutari), et la ville la mieux fortifiée des *Labéates*, nation soumise à Gentius, dernier roi d'Illyrie.

ARDUBA (Knin), sur le Titius, dont les femmes se jetèrent avec leurs enfants dans les flammes ou dans les eaux, lorsque leurs maris se furent rendus aux Romains. — SCARDONA, au S. O. d'Arduba. — NARONA, en ruines, sur la droite du fleuve *Naro* (Narenta); ville puissante du temps de Cicéron. — ÉPIDAURE (Ragusi-Vecchio), sur la mer Adriatique, ville grecque. — DIOCLEA, au N. E. d'Epidaure, patrie de Dioclétien, fameux par ses persécutions contre les chrétiens.

147. ILES. — Les principales étaient :

Sur la côte de la Liburnie : CREPSA (Cherso), CURICTA (Veglia), CISSA (Pago), comprises sous le nom d'*Absyrtides*, que l'on fait venir d'Absyrtus, frère de Médée, mis en pièces par cette princesse.

Sur la côte de la Dalmatie : BRATTIA (Brazza), PHAROS (Lesina), la plus considérable des îles de l'Illyrie; patrie de Démétrius, qui attira sur lui les armes des Romains, et fut vaincu dans son île même par le consul Æmilius; CORCYRE *la Noire* (Curzola), avec une ville fondée par les Cnidiens; MÉLITE (Meleda), où saint Paul aborda, dit-on, après son naufrage; d'autres pensent que ce fut à MELITA (Malte).

ESPAGNE ou HISPANIE.

148. Noms, Bornes et Habitants. — L'Espagne, *Hispania* (Espagne et Portugal), nommée aussi Ibérie, *Iberia*, à cause du fleuve *Iberus* (Èbre), qui l'arrose au N. E., et Hespérie, *Hesperia*, de sa situation à l'O. de l'Italie et de la Grèce, occupait toute la presqu'île comprise entre l'Océan Atlantique, à l'O., le détroit de Gadès ou d'Hercule (de Gibraltar), au S., et la mer Intérieure, à l'E. Elle était séparée de la Gaule, au N., par la chaîne des monts Pyrénées, *Pyrenæi montes*, qui s'étend d'une mer à l'autre. — Elle était habitée par un grand nombre de peuples, en partie *Celtes*, c'est-à-dire originaires de la Gaule : ce qui lui avait fait donner aussi le nom de *Celtibérie* (152).

149. Divisions, Fleuves et Montagnes. — Après la seconde guerre Punique, les Romains, maîtres de l'Espagne, la divisèrent en deux parties, l'Espagne Citérieure, *Citerior*, au N. E., et Ultérieure, *Ulterior*, au S. O. Dans la suite, Auguste donna à l'Espagne Citérieure le nom de Tarraconaise, *Tarraconensis*, de *Tarraco* (Tarragone), sa capitale, et il partagea l'Ultérieure en deux provinces : la Lusitanie, *Lusitania*, au N. O., et la Bétique, *Bætica*, au S. E. — Les noms des six fleuves principaux qui l'arrosent sont renfermés dans ce vers latin :

Sunt Minius, Durius, Tagus, Anas, Bætis, Iberus,

qui sont aujourd'hui le *Minio*, le *Douro*, le *Tage*, la *Guadiana*, le *Guadalquivir* et l'*Èbre*. Quant aux montagnes, les plus remarquables étaient : le mont *Vinnius*, au N., dans le pays des *Cantabres*, qui s'y retirèrent après avoir été battus par les lieutenants d'Auguste, et qui s'y croyaient si en sûreté, qu'il leur semblait que les eaux de l'Océan y monteraient plutôt que les armes romaines ; le mont *Marianus* (la Sierra Morena), dans la Bétique ; le mont *Orospeda* (la Sierra de

Alcaraz), et le mont *Solorius* (la Sierra Nevada), chaîne qui renferme les plus hautes montagnes de l'Espagne.

150. ESPAGNE CITÉRIEURE OU TARRACONAISE. — L'Espagne Citérieure ou Tarraconaise, appelée aussi Espagne Intérieure, *Interior*, et Supérieure, *Superior*, occupait tout le N. et l'E. de l'Espagne. — Elle avait pour villes principales :

151. JULIOBRIGA, au N., au pied des montagnes où l'Èbre prend sa source. C'était la première ville des *Cantabres*, la nation la plus féroce de l'Espagne, et celle qui repoussa avec le plus d'opiniâtreté le joug des Romains. Elle donnait son nom à la partie de l'Océan qui baigne cette côte, et que l'on appelait *Océan Cantabrique*.

NUMANCE, *Numantia* (détruite; près de Soria), vers la source du Durius, au S. E. de Juliobriga, une des plus célèbres de l'Ibérie, et la capitale des *Arévaques*. Sa destruction fit presque autant d'honneur à Scipion que celle de Carthage, à cause de la longue résistance des habitants, qui, après avoir soutenu quatorze ans tous les efforts des Romains, aimèrent mieux s'entre-tuer et mettre le feu à leur ville que de se rendre aux vainqueurs.

CÆSAREA AUGUSTA (Saragosse), au S. E. de Numance, sur l'Èbre, capitale des *Édétans*, et la ville la plus considérable de l'intérieur de la Tarraconaise.

ILERDA (Lérida), au N. E. de Cæsarea Augusta, capitale des *Ilergètes*, dont un des rois, nommé Indibilis, se rendit fameux dans les guerres d'Espagne. Ce fut à peu de distance de cette ville que César défit Afranius et Pétréius, lieutenants de Pompée.

152. TARRACONE, *Tarraco* (Tarragone), au S. E. d'Ilerda, près de la mer d'Ibérie; elle devint, sous les Romains, la capitale de la Tarraconaise, et la ville la plus considérable de toute l'Espagne.

SEGOBRIGA (Ségorbe), au S. O. de Tarracone. Pline l'assigne pour capitale aux *Celtibériens*, le peuple le plus puissant de l'intérieur de l'Espagne, qui avait donné le nom de Celtibérie, *Celtiberia*, à la partie qu'il occupait.

SAGONTE, *Saguntus* (détruite; près de Murviédro), au

S. E. de Segobriga ; elle est célèbre par sa fidélité aux Romains, et par la résistance opiniâtre de ses habitants, qui se brûlèrent avec leurs effets les plus précieux pour ne pas se rendre à Annibal. La destruction de cette ville fut le prétexte de la seconde guerre Punique.

153. Toletum (Tolède), sur le Tage, au N. O. de Sagonte, capitale des *Carpétans*. C'est dans cette ville que se déposaient tous les trésors tirés des mines de l'Espagne, et qui de là étaient envoyés à Rome.

Carthage la Neuve, *Carthago Nova* (Cathagène), au S. E. de Tolède, sur la côte de la mer Inférieure, fondée par Asdrubal, gendre d'Amilcar Barca. L'avantage de sa situation, la commodité de son port, le plus sûr de toute l'Espagne, et de riches mines d'argent qui se trouvaient dans son voisinage, rendirent cette ville une des plus considérables de l'empire carthaginois. Scipion l'Africain s'en empara l'an de Rome 542. Les Vandales l'ont détruite au cinquième siècle ; mais elle a été rebâtie depuis.

154. Lucus Augusti (Lugo), au N. O. de la Tarraconaise ; Bracara Augusta (Braga), et Calle Portus (Porto), qui a donné son nom au Portugal, principales villes des *Callaïques*, qui habitaient la Galice. — Lucus Asturum (près d'Oviédo); Asturica (Astorga), au N. E. des précédentes ; principales villes des *Astures*, qui ont donné leur nom aux Asturies, et dans le pays desquels était placée une légion romaine, à l'endroit qui prit le nom de Legio Septima Gemina (Léon). — Flaviobriga (Santander), sur l'Océan Cantabrique. — Pallantia (Palencia), au S. E. des précédentes, aux *Vaccéens*, qui opposèrent une vive résistance à Lucullus. — Cauca (Coca), au S. E.; patrie de l'empereur Théodose le Grand. — Segovia (Ségovie), au S. E. de Cauca. — Clunia (la Corogne), au N. E. des précédentes, aux *Arévaques*. La première possède encore un superbe aqueduc bâti par les Romains.

155. Pompelo (Pampelune), au N. E. de Numance, sur la rive gauche de l'Èbre, capitale des *Vascons* ou *Gascons*, qui, dans le vi^e siècle, passèrent les Pyrénées et vinrent s'établir dans la province de la Gaule qui a conservé leur nom. — Calagurris (Calahorra), au S. O. de Pompelo, patrie de Quintilien. —

Osca (Huesca), au S. E. de Calagurris, grande et belle ville, où Sertorius établit des écoles publiques, où il fut assassiné. — Emporiæ (Ampurias), au N. E. d'Ilerda, sur la mer d'Ibérie, ville commerçante divisée en deux parties, l'une habitée par une colonie de Phocéens, et l'autre par les Espagnols. — Barcino (Barcelone), au S. O. d'Emporiæ, fondée, dit-on, par Amilcar Barca, père du grand Annibal. — Bilbilis (Baubola, à peu de distance de Calatayud), à l'O. de Barcino, patrie de Martial, poëte connu par ses épigrammes, et qui, après avoir passé la plus grande partie de sa vie à Rome, revint mourir dans sa patrie. — Mantua (Madrid), au S. O. de Bilbilis, peu connue sous les Romains.

156. Iles. — Sur la côte orientale de l'Espagne se trouvaient deux groupes d'îles, composés chacun de deux îles; c'étaient :

Les iles Baléares, *Baleares insulæ*, appelées aussi *Gymnesiæ*, parce qu'elles fournissaient d'excellents frondeurs : ces îles se distinguaient entre elles par les noms de Major, la Grande (Majorque), à l'O., capitale Palma (qui conserve son nom) ; et de Minor, la Petite (Minorque), à l'E. Elle avait un excellent port, nommé Port de Magon, *Portus Magonis* (Port-Mahon), un des plus considérables de la Méditerranée, qui dut son nom à l'amiral carthaginois Magon, qui y relâcha avec sa flotte dans la seconde guerre Punique.

Les iles Pityuses, *Pityusæ insulæ*, ainsi nommées de la grande quantité de pins qui y croissaient; ces îles, au nombre de deux, étaient : Ebusus (Iviça), au N., assez fertile, avec une capitale du même nom ; Ophiusa (Formentera), au S., inhabitable, à cause de la grande quantité de serpents dont elle était infestée.

157. Espagne Ultérieure. — L'Espagne Ultérieure occupait tout le S. O. de l'Espagne, et se partageait, comme nous l'avons dit, en deux provinces : la Lusitanie, au N. O., et la Bétique, au S. E., séparées entre elles par l'Anas. Nous allons les décrire successivement.

158. La Lusitanie, *Lusitania*, dont la partie méridionale s'appelait *Cuneus*, le Coin (Algarve), à cause de sa forme, avait pour villes principales :

Salmantica (Salamanque), au N. E. de la Lusitanie, avec un pont magnifique construit par les Romains, sur une rivière nommée aujourd'hui *Tormès*, qui se jette dans le Douro. Elle était la capitale des *Vettons*.

Emerita Augusta (Mérida), au S. de Salmantica, sur l'Anas. Les Romains en firent la capitale de la Lusitanie, et la résidence d'un propréteur.

Olisippo (Lisbonne, capitale du Portugal), vers l'embouchure du Tage ; ville très-ancienne, dont on a faussement attribué l'origine à Ulysse. Elle était, ainsi que la précédente, dans le pays des *Lusitains* proprement dits, qui donnaient leur nom à toute la contrée.

159. Conimbriga (Coïmbre), au N. E. d'Olisippo, sur la rivière de Munda (Mondego), qui se jette dans l'Océan Atlantique. — Norba Cæsarea (Alcantara), au S. E. de Conimbriga, sur le Tage, que l'on passe encore aujourd'hui sur un fort beau pont construit sous le règne de Trajan. — Pax Julia (Béja), au S. O. de Norba, capitale des *Celtiques*.

160. La Bétique, *Bætica*, la province la plus riche de l'Espagne par ses mines et par la fertilité de son territoire, avait pour villes principales :

Cordoue, *Corduba*, sur la rive droite du Bétis, une des plus considérables de l'Espagne, et distinguée par la culture des lettres, qui y attiraient un grand nombre d'Espagnols, et même les Romains les plus distingués. C'est la patrie des deux Sénèque et du poëte Lucain.

Italica (Séville la Vieille), au S. O. de Corduba, sur la rive droite du Bétis ; construite par le grand Scipion pour servir de retraite à ses soldats invalides. C'est la patrie de l'empereur Trajan, et, selon quelques-uns, du poëte Silius Italicus.

Hispalis (Séville), vis-à-vis d'Italica, sur l'autre rive du Bétis, l'une des villes les plus considérables de l'Espagne par son commerce.

161. Gadir ou Gadès (Cadix), dans une île nommée anciennement île Érythrée, *Erythræa insula*, où régna, selon la Fable, Géryon, qui, grâce aux excellents pâturages de cette île, possédait des bœufs si beaux, qu'Hercule vint exprès de la Grèce pour s'en emparer. Cadix devint, sous les

Romains, une ville considérable, et fut la patrie de Cornélius Balbus et du philosophe Columelle.

162. Tartessus, détruite, au N. de Gadès, dans l'île du même nom, formée par les deux bras du Bétis. La fertilité de cette île, et de riches mines d'or et d'argent qui s'y trouvaient, rendaient Tartesse une ville très-riche : ce qui a fait penser qu'elle pouvait être cette fameuse *Tharsis* où les vaisseaux du roi Salomon se rendaient, tous les trois ans, avec ceux d'Hiram, roi de Tyr. — Une autre ville appelée *Tartessos* par les Grecs, et *Carteïa* par les Romains, paraît avoir occupé le fond de la baie de Gibraltar.—Calpé, rocher escarpé qui s'avance dans la mer, à l'E. du détroit de Cadix ou d'Hercule, et que les Anciens regardaient comme une des colonnes d'Hercule.—Munda (Monda), à 12 kilomètres environ de la mer. César y défit complétement le fils du grand Pompée. — Malaca (Malaga), sur la mer Intérieure. — Astapa (Estapa la Vieja), au S. O. de Cordoue ; ville qui se défendit contre les Romains, commandés par Marius, avec le même courage que Sagonte, et qui eut le même sort. — Castulo (Cazlona), au N. E. de Cordoue, sur la rive droite du Bétis, dans le pays des *Turdules*, ainsi que la précédente ; une des villes les plus fortes et les plus célèbres de l'Espagne, et si attachée aux Carthaginois qu'Annibal s'y maria. Scipion l'Africain défit Asdrubal dans ses environs.

ITALIE.*

163. Noms et Bornes. — L'Italie, ainsi nommée d'*Italus*, un de ses premiers rois, était aussi appelée Saturnie, *Saturnia*, parce qu'elle servit de retraite à Saturne, chassé de Crète par son fils Jupiter, Énotrie, *OEnotria*, Ausonie, *Ausonia*, des noms des deux peuples qui l'habitaient ; et enfin Hespérie, *Hesperia*, par les Grecs, parce qu'elle était à l'Occident par rapport à eux. Ce même nom ayant aussi été donné à l'Espagne, on distinguait cette dernière par le nom de *Grande Hespérie*, et l'Italie par celui de *Petite Hespérie*. — Elle était bornée au N. par les Alpes Carniques, *Carniæ*, et Rhétiques, *Rheticæ*, qui la séparaient du Norique et de la Rhétie ; au N. O., par les Alpes Pennines, Grecques et maritimes, qui la séparaient de la Gaule ; à l'O., par la mer Inférieure ou Thyrrhénienne ; au S., par la mer de Sicile ; et à l'E. par la mer Supérieure ou Adriatique.

164. Division. — L'Italie se divisait en quatre grandes parties, savoir : la *Gaule Cisalpine*, au N. ; l'*Italie proprement dite*, au centre ; la *Grande Grèce*, au Sud, et les *Iles*, dont plusieurs sont considérables.

I. Gaule Cisalpine.

165. Position et Division. — La Gaule Cisalpine, *Gallia Cisalpina*, ainsi nommée des Gaulois qui vinrent s'établir en deçà des Alpes par rapport aux Romains, occupait toute la partie septentrionale de l'Italie jusqu'au petit fleuve du *Rubicon* (Pisatello), que les généraux romains ne pouvaient passer avec leur armée sans une permission du sénat. — Elle était arrosée par le Pô, *Padus*, qui va, sous le nom d'Éridan, *Eridanus*, se jeter dans la mer Adriatique ; ce fleuve est célèbre dans la Fable par la chute de

---

* Consulter, dans mon *Atlas Ancien*, la carte de l'Italie.

Phaëton, qui y tomba foudroyé par Jupiter. — La Gaule Cisalpine se divisait en quatre parties, savoir : la Gaule *Transpadane*, au delà du Pô; *Cispadane*, en deçà du Pô; la *Ligurie*, autour du golfe du même nom, et la *Vénétie*, qui entourait l'extrémité septentrionale de la mer Adriatique.

166. I. GAULE TRANSPADANE. — La GAULE TRANSPADANE ou au delà du Pô par rapport aux Romains, *Gallia Transpadana* (la plus grande partie du Piémont, et partie O. du royaume Lombard-Vénitien), dont le nom indique la position, renfermait tous les grands lacs du N. de l'Italie, et était en outre arrosée par un grand nombre de rivières, qui toutes se rendaient dans le Pô, et dont la plus remarquable est le Tésin, *Ticinus,* sur les bords duquel Annibal remporta sa première victoire en Italie.—Elle avait pour villes principales :

167. SEGUSIO (Suze), sur la *Petite Duria,* au pied des Alpes, capitale des *Ségusins;* elle fut, au temps d'Auguste, la résidence d'un prince nommé Cottius, qui mérita les bonnes grâces de cet empereur et se forma des contrées environnantes, nommées depuis cette époque Alpes Cottiennes, *Alpes Cottiæ,* un petit royaume qui ne fut réuni à l'empire romain que sous Tibère.

CÔME, *Comum* (Como), à l'extrémité occidentale du lac *Larius* (lac de Como); fondée par les *Oribiens,* peuple originaire de la Gaule, elle devint si puissante, qu'elle se vit en état de soutenir la guerre contre les Romains. Elle fut la patrie de Pline le Jeune, qui y établit des écoles publiques.

MILAN, *Mediolanum,* au S. E. de Côme, la première ville bâtie par les *Gaulois Insubres* ou *Insubriens,* qui passèrent en Italie sous la conduite de Bellovèse : elle était leur capitale, et devint la principale ville de la Gaule Cisalpine. Dans la suite, elle fut souvent la résidence des empereurs, de sorte qu'elle ne le cédait qu'à Rome en grandeur, en richesses et en population. C'est la patrie de Cécilius, poëte comique, et de l'historien Valère-Maxime. — A 12 kilomètres environ au N. O. de cette ville étaient les champs Raudiens, *Raudii campi* (dans un lieu appelé Rhô), où Marius vainquit et anéantit en quelque sorte la nation des Cimbres.

Ticinum (Pavie), au S. O. de Milan, sur le Tésin, à peu de distance de l'endroit où Annibal battit les Romains ; capitale des *Léviens*, l'une des villes les plus illustres de la Gaule Cisalpine, fameuse pour avoir été depuis le siége de l'empire des rois lombards.

Crémone, *Cremona*, sur le Pô, un peu au-dessous de sa jonction avec l'*Addua* (Adda), ville riche et florissante qui eut beaucoup à souffrir dans la guerre civile entre Auguste et Antoine.

Mantoue, *Mantua*, près d'un lac formé par le *Mincius* (Mincio) ; à peu de distance se trouvait le petit village d'*Andes* (Pietola), où naquit Virgile.

168. Ocelum (Usseau), au pied des Alpes, capitale des *Garocèles*, un des peuples les plus belliqueux de ces montagnes (107). — Hostilia, sur le Pô, patrie de Cornélius Népos. — Augusta Prætoria (Aoste), au N. O., sur la *Grande Duria* (Doria Riparia), capitale des *Salasses*. — Augusta Taurinorum, auparavant *Taurasia* (Turin), sur le Pô, près de l'endroit où il reçoit la *Petite Duria* (Doria Baltea), capitale des *Taurins*. — Vercellæ (Verceil) sur le *Sessites* (Sesia), capitale des *Libices*. On trouvait autrefois des mines d'or dans ses environs. — Bergamum (Bergame), au N. E., capitale des *Orobiens*. — Brixia (Brescia), au S. E. de Bergamum, capitale des *Brixentes*, et de tout le pays occupé par les *Cénomans*, grande nation venue de la Gaule Transalpine (70).

169. II. Gaule Cispadane. — La Gaule Cispadane, ou en deçà du Pô, *Gallia Cispadana* (duchés de Parme et de Plaisance, États de Modène, et partie des États du Pape), était arrosée par plusieurs rivières, dont les plus remarquables étaient la Trébie, *Trebia*, fameuse par la seconde victoire d'Annibal en Italie ; le Rhéno, *Rhenus*, dans une île duquel se forma le second triumvirat entre Octave, Antoine et Lépide ; et le Rubicon, *Rubico* (Pisatello), dont nous avons déjà parlé (165). — Ses villes principales étaient :

170. Plaisance, *Placentia*, vers le confluent de la Trébie avec le Pô, capitale des *Anamans*, qui tirait son nom de la beauté du pays où elle est située ; patrie de L. Calpurnius Pison, gendre de César.

Parme, *Parma*, au S. E. de Plaisance, dans le pays des *Boïens;* patrie de Cassius, l'un des meurtriers de César.

171. Mutina (Modène), au S. E. de Parme, sur le *Gabellus* (la Secchia) ; l'une des villes les plus anciennes de la Gaule Cisalpine, dont on attribue la fondation aux Étrusques ; elle fut assiégée en vain par Marc-Antoine.

Au S. de Mutina, sur le haut de l'Apennin, se trouvait, à ce que l'on croit, la forêt Litane, *Litana sylva*, où les Gaulois détruisirent une armée romaine par un stratagème singulier. Ils scièrent tous les arbres de la forêt ; et lorsqu'ils y virent l'armée romaine engagée, ils poussèrent les arbres les plus éloignés du chemin, qui, tombant de proche en proche sur les autres, écrasèrent les Romains.

172. Bononia (Bologne), au S. E. de Modène, l'une des villes les plus fameuses de la Gaule Cisalpine. Elle portait le nom de *Felsina* dans le temps qu'elle était occupée par les Étrusques qui l'avaient enlevée aux Ombriens.

Ravenne, *Ravenna*, à peu de distance de la mer Adriatique. Auguste y avait fait creuser un port pour y tenir en station la flotte destinée à veiller sur la mer Adriatique. Elle est célèbre pour avoir été la résidence de l'exarque ou commandant que les empereurs de Constantinople envoyaient pour gouverner leurs possessions en Italie.

Forum Allieni (Ferrare), à l'endroit où le Pô se partage en deux branches, dans le pays des *Lingons*, peuple gaulois venu des environs de Langres. — Faventia (Faenza), au S. O. de Ravenne ; fameuse dans les guerres de Sylla.

173. III. Ligurie.—La Ligurie, *Liguria* (partie des États du roi de Piémont), comprenait tout le pays qui entoure le golfe *Ligustique* (golfe de Gênes), depuis la frontière de la Gaule jusqu'au petit fleuve *Macra* (la Macra), qui la séparait de l'Étrurie. — Ses principales villes étaient :

174. Cemelum (Cimiez, au N. de Nice), capitale des *Védiantiens* (113); — Nicæa (Nice), colonie marseillaise, qui devint considérable sous les Romains que sa situation délicieuse y attirait en grand nombre. — *Herculis Monœci portus* (Monaco), fondé, disait-on, par Hercule.

ALBIUM INTEMELIUM (Vintimille), à l'embouchure du petit fleuve *Rutuba* (Roja); grande ville, capitale des *Intéméliens*.

GÊNES, *Genua*, port sur le golfe de Ligurie, et la ville la plus riche et la plus considérable de la Ligurie.

ALBIUM INGAUNUM (Albenga), sur la côte occidentale du golfe de Ligurie, capitale des *Ingaunes*. Près du rivage se trouvait la petite île de GALLINARIA (Gallinara), où se réfugia saint Martin, forcé de quitter Milan. — VADA SABBATIA (Savone), sur le même golfe, au S. O. de Gênes. — APUA (Pontremoli), à l'E. de Gênes, capitale des *Apuans*. — PORTUS VENERIS (Porto-Venere), au S. d'Apua, à l'entrée d'un petit golfe, appelé *Portus Lunensis*, à cause du port de *Luna* (golfe de Sena), qui s'y trouvait. — ALBA POMPEIA (Alba), sur le *Tanarus* (Tanaro); patrie de l'empereur Pertinax. — BODINCOMAGUS, détruite, au S. du Pô, que les Liguriens appelaient *Bodincus*, mot qui, dans leur langage, veut dire *sans fond*. — DERTONA (Tortone), plus au S. E. — CLASTIDIUM (Casteggio), plus au N. E., où les Gaulois furent battus par les Romains.

175. IV. VÉNÉTIE. — La VÉNÉTIE ou Hénétie, *Venetia*, (partie du royaume Lombard-Vénitien, de la Carinthie et du Frioul, la Carniole et l'Istrie, provinces de l'empire d'Autriche), entourait toute l'extrémité septentrionale de la mer Adriatique, depuis le Pô au S. O., jusqu'à l'Arsia, au S. E. Elle comprenait la *Carnie* et l'*Histrie*. — Ses principales villes étaient :

176. 1° Dans la VÉNÉTIE proprement dite :

VÉRONE, *Verona*, sur l'*Athesis* (Adige), au N. E. de Mantoue. Elle tenait un rang distingué dans l'empire romain, comme l'attestent les beaux restes d'antiquités qui s'y trouvent, et surtout un amphithéâtre, le mieux conservé que l'on connaisse. C'est la patrie de Catulle, poëte élégiaque, de Pline l'Ancien, et, selon la plus commune opinion, de l'architecte Vitruve.

PATAVIUM (Padoue), à l'E. de Vérone, sur le *Petit Medoachus* (Bacchiglione), fondée, si l'on en croit Virgile et Tite-Live, par le Troyen Anténor; la ville la plus considérable et la plus puissante de la Vénétie, pouvant mettre jusqu'à cent vingt mille hommes sur pied. Les Romains, après l'avoir conquise, lui laissèrent ses lois et un sénat particulier. C'est la patrie de Tite-Live, fameux historien, et du philosophe Thraséa.

Vicentia (Vicence), au N. E. de Vérone; fondée par les *Euganéens*, l'un des peuples de la Vénétie, et augmentée par les Gaulois. — Adria (*Adria*), au S. E. de Padoue, sur un fleuve nommé *Tartarus* (Tartaro). Elle a donné son nom à la mer Adriatique, dont elle est peu éloignée.

177. 2° Dans la Carnie, *Carnia* (Carniole), qui donnait son nom aux Alpes Carniques.

Aquilée, *Aquileia*, en ruines, à peu de distance de la mer, si considérable sous les empereurs, qu'on lui donnait souvent le nom de Seconde Rome.

Æmona (Laybach), située beaucoup plus au N. E., au delà des Alpes Carniques.

178. 3° Dans l'Histrie, *Histria* (Istrie) :

Tergeste (Trieste), au fond du golfe auquel elle donne son nom.

Pola, qui a conservé son nom, au S. de la presqu'île, au fond d'un petit golfe. Ce fut dans cette ville que fut relégué Crispus, fils de Constantin.

II. Italie proprement dite.

179. Position et division. — L'Italie proprement dite occupait tout le centre de l'Italie, depuis le Rubicon et l'embouchure de la Macra, au N., jusqu'au Fronton et au Silarus au S. — Elle renfermait six contrées principales, savoir : l'*Étrurie*, l'*Ombrie*, le *Picenum*, le *Latium*, le *Samnium* et la *Campanie*.

180. I. Étrurie. — L'Étrurie, *Etruria* (duchés de Lucques et de Massa, grand-duché de Toscane et partie des États de l'Église), au N. O., était habitée par les Tyrrhènes ou Tusques, *Tyrrheni* ou *Tusci*, peuple très-puissant et divisé en douze petits États, dont les chefs s'appelaient *Lucumons*. Les députés des douze *Lucumonies* se réunissaient lorsqu'il s'agissait de délibérer en commun sur les intérêts généraux de la nation. — On trouvait dans leur pays le mont *Soracte* (Saint-Sylvestre), près du Tibre, et sur lequel était un temple d'Apollon, dont les prêtres marchaient sur des charbons ardents. — Les principales villes étaient :

181. Luca (Lucques), près du petit fleuve *Auser* (Serchio).

182. Fæsulæ (Fiesoli), au N. E., une des plus anciennes et des plus considérables villes de l'Étrurie.

Arretium (Arrezo), sur la rive gauche de l'*Arnus* (Arno), au S. E.; capitale des *Arrétins*, l'un des plus puissants des douze peuples étrusques.

Cortone, *Cortona*, au S. E.; capitale des *Cortoniens*, et l'une des premières villes d'Étrurie.

Clusium (Chiusi), au S. de Cortone, sur des marais appelés *Clusina palus* (marais de la Chiana), dont le passage coûta un œil à Annibal; capitale des *Clusiniens* et du roi Porsenna.

183. Pistoria ou *Pistorium* (Pistoie), au pied de l'Apennin, C'est près de cette ville que Catilina fut tué. — Pisæ (Pise), entre l'*Auser* et l'*Arnus*. — Florentia (Florence), sur l'*Arnus*. — Volaterre (Volterra), au S. O., capitale des *Volaterrans*, et patrie de Perse, poëte satirique. — Vetulonii, près de la mer, capitale des *Vétuloniens*. — Russelle (Rosella), au S. E., capitale des *Russellans*.— Télamon, sur la mer; les Romains y remportèrent une célèbre victoire sur les Gaulois, l'an de Rome 528.

184. Vulsinii (Bolsena), sur le lac du même nom; capitale des *Vulsiniens*, les plus opulents des Étrusques, et patrie de Séjan, favori de Tibère.

Veïes, *Veii*, détruite, à 18 kilomètres N. O. de Rome; capitale des *Véiens*, aussi grande et aussi peuplée que Rome, et la première des cités étrusques, lorsque les Romains en firent le siége, qui dura dix ans et fut terminé par Camille.

Près de cette ville coulait la petite rivière de Crémère, *Cremera*, qui se jette dans le Tibre, et près de laquelle périrent les 306 Fabius. — Cære, auparavant *Agylla* (Cer-Veteri), à l'O., près de la mer; capitale de Mézence, prince inhumain, dont parle Virgile, et dans la suite une des douze Lucumonies d'Étrurie.

C'est là que se retirèrent les Vestales lors de la prise de Rome par les Gaulois. — Tarquinii (la Turchina), au N. O. de Cære, capitale des *Tarquiniens* et patrie des Tarquins. — Falerii (Falari), au N. E. de Tarquinies ; capitale des *Falisques*, connues par le trait du maître d'école renvoyé par Camille. — Perusia (Pérouse), à l'E. du lac de Trasimène, capitale des *Pérusins*, devint célèbre dans la guerre de L. Antonius, frère du triumvir, contre Octave. — Centum Cellæ ou *Trajani Portus* (Civita Vecchia), port sur la mer Tyrrhénienne, construit par l'empereur Trajan.

185. II. Ombrie. — L'Ombrie, *Ombria* (Ombrie, duché d'Urbin, partie de la Romagne et du Pérousan), à l'E. de l'Étrurie, était arrosée par plusieurs rivières, dont la plus remarquable était le *Metaurus* (Metauro), célèbre par la défaite d'Asdrubal, frère d'Annibal.

Parmi les villes on remarquait :

186. Ariminium (Rimini), près de la mer Adriatique et à l'embouchure d'un petit fleuve du même nom (la Marecchia). C'était la ville la plus septentrionale de l'Italie proprement dite, et la première dont César s'empara après avoir passé le Rubicon.

Senagallica (Sinigaglia), sur la même mer, fondée par les Gaulois *Sénonais* (63), qui se maintinrent pendant cent ans dans l'Ombrie, où ils s'étaient établis vers l'an de Rome 356. — Ce furent ces Gaulois qui défirent complétement les Romains à la bataille de l'*Allia* (191), et se rendirent maîtres de Rome, qu'ils brûlèrent, à l'exception du Capitole.

187. Pisaurum (Pesaro), aussi sur la mer, à l'embouchure du petit fleuve *Pisaurus* (la Faglia). — Sarsina, qui conserve aujourd'hui le même nom, dans l'intérieur, au S. O. d'Ariminium ; patrie de Plaute, fameux poëte comique. — Mevania (Bevania), sur le *Clitumnus* (Clitumno), sur les bords duquel on élevait une grande quantité de bœufs blancs pour les sacrifices. C'est la patrie de Properce, poëte élégiaque. — Spoletium (Spolète), à peu de distance du *Nar* (la Nera). C'est là que fut tué l'empereur Julius-Émilien, après un règne de trois mois. — Interamna (Terni), au S. de Spolète. Elle tirait son nom de sa position entre deux bras du Nar. C'est la patrie de Tacite, célèbre historien, qui vivait au premier siècle de l'ère chrétienne. — NARNIA, auparavant *Nequinum* (Narni), au S. E. de la précédente, sur le Nar ; patrie de l'empereur Nerva.—AMERIA (Amelia), à peu de distance du Tibre et du Nar ; patrie de Sextus Roscius, en faveur duquel Cicéron prononça une harangue.

188. III. PICENUM. — Le PICENUM, ou pays de la poix, parce qu'il en produisait en abondance (Marche d'Ancône), s'étendait le long de la mer Adriatique. Toute la partie méridionale était occupée par un peuple particulier nommé Prétutiens, *Prætutii*. — Les villes principales étaient :

ANCÔNE, *Ancona*, fondé par les Syracusains, sur un cap près duquel Trajan fit construire un port, l'un des meilleurs de la mer Adriatique : ce qui rendit cette ville très-commerçante.

ASCULUM (Ascoli), au S. d'Ancône, sur une montagne de difficile accès, près du *Truentus* (Tronto), capitale du Picenum.

189. ADRIA (Atri), au S. E. d'Asculum, près de la mer ; capitale des *Prétutiens*. L'empereur Adrien en était originaire.

190. IV. LATIUM. — Le LATIUM ou pays des Latins, dans lequel nous comprendrons le pays des Sabins (la Sabine et la Campagne de Rome), au S., avait pour villes principales :

191. 1° Dans le pays des Sabins, au N. E. du Latium :

CURES (Correse), au S. O., première capitale des *Sabins*, et patrie de Numa Pompilius.

REATE (Rieti), près de l'*Allia* (Aia), rivière fameuse par la défaite des Romains par les Gaulois Sénonais. Elle succéda à Cures dans la dignité de capitale des Sabins. L'empereur Vespasien était né dans ses environs.

NURSIA (Norcia), au N. E., au pied de l'Apennin ; patrie de Sertorius.—AMITERNUM, ruinée, à l'E., près du pays des Prétutiens ; patrie du célèbre historien Salluste.—FIDENÆ ou FIDENA, ruinée, au S. O., sur le Tibre ; grande ville. Cinquante mille personnes y périrent, sous le règne de Tibère, par la chute d'un amphithéâtre.

192. 2° Dans le Latium proprement dit :

ROME, ROMA, sur le Tibre ; cette ville, qui fut longtemps la capitale de l'univers, était bâtie sur sept collines, savoir : les monts *Palatin, Capitolin, Quirinal, Cælius, Aventin, Esquilin* et *Viminal*, auxquels on a encore ajouté depuis le *Janicule* et le *Vatican*, situés sur la rive droite du Tibre. — De Rome partaient un grand nombre de chemins qui traversaient toutes les parties de l'Empire Romain, et dont on trouve des restes en beaucoup d'endroits.

TIBUR (Tivoli), sur l'*Anio* (Teverone), qui y forme une belle cascade. Cette ville, beaucoup plus ancienne que Rome, est célèbre par la beauté de son site, et par les vers d'Horace, qui y avait une maison de campagne, ainsi que Mécène, son protecteur. —COLLATIA, près de la rive gauche de l'Anio, demeure de Tarquin Collatin, époux de Lucrèce. — PRÆNESTE (Palestrina), à l'E. de Rome, sur la limite du pays des Èques. Marius le jeune s'y fit tuer, pour ne pas tomber entre les mains de Sylla, qui fit passer tous les habitants au fil de l'épée. C'est la patrie d'Élien, historien qui vivait sous Alexandre Sévère. Les *Èques*, auxquels on la donne quelquefois pour capitale, habitaient à l'E. du pays des Latins ; ils résistèrent longtemps aux Romains, qui ne les soumirent entièrement que l'an de Rome 450. — Tusculum (Frascati), au S. E. de Rome, et capitale des *Latins*. C'est la patrie de Cincinnatus et de Caton le Censeur. — Cicéron avait dans les environs une maison de campagne où il composa ses *Tusculanes*.

193. ALBE LA LONGUE, *Alba Longa* (Palazzolo), au S., fondée, dit-on, par Ascagne, fils d'Énée ; capitale d'un royaume que la victoire du jeune Horace sur les trois Curiaces soumit aux Romains, qui détruisirent Albe et en transportèrent les habitants à Rome.

OSTIE, *Ostia*, près de l'embouchure orientale du Tibre ; elle fut pendant plusieurs siècles le port de Rome. — Sur l'autre embouchure du Tibre était *Portus Augusta* (Porto), construit par l'empereur Claude.

LANUVIUM, patrie de l'empereur Antonin le Pieux.—LAURENTUM (Torre di Paterno), sur la mer ; capitale du roi Latinus. — LAVINIUM (Pratica), aussi sur la mer ; fondée par Énée, qui lui donna le nom de *Lavinie*, son épouse. Elle était considérée comme la mère des villes d'Albe et de Rome. — ARDEA (Ardia), au S. E. ; capitale des *Rutules* et de leur roi Turnus. — ANAGNIA (Anagni), à l'E. de Tusculum, capitale des *Herniques,* qui habitaient au S. E. des Èques, et que les Romains soumirent de bonne heure. — ALATRIUM (Alatri), patrie de Fabricius, dans le même pays.

194. SUESSA POMETIA, au S. E. d'Ardea, capitale des *Volsques,* nation puissante, et les ennemis les plus obstinés des Romains. Ils habitaient le pays au S. des Rutules et des Herniques, et possédaient, outre Suessa :

VELITRÆ (Velletri), au N. O.; d'où la famille d'Auguste était originaire. — ANTIUM (Anzio), au S. O. de Suessa, ville maritime, fameuse par un temple magnifique dédié à la Fortune. — PRIVERNUM, au S. E. de Suessa, patrie de Camille, héroïne célèbre dans *l'Énéide.* — ARPINUM (Arpino), au N. E. de Privernum; patrie de C. Marius et de Cicéron, le prince des orateurs latins. —AQUINUM (Aquino), au S. E. d'Arpinum; patrie du poëte satirique Juvénal. — C'était dans le pays des Volsques, le long de la côte de la mer, que se trouvaient les marais Pontins, *Pomptinæ paludes,* qu'on a plusieurs fois tenté vainement de dessécher.— A l'extrémité méridionale de ces marais, se trouvait la ville de TERRACINA (Terracine), que les Volsques nommaient *Anxur,* et à l'O. de laquelle était le promontoire *Circeii* (Monte Circello), que l'on prétendait avoir été habité par la célèbre magicienne Circé.

195. MINTURNES, *Minturnæ,* à l'embouchure du *Liris,* dans le pays des *Aurunces.* Marius se tint longtemps caché dans les marais qui l'environnent.

CAIETA (Gaëte), au S. O. Elle avait un port commode et très-fréquenté. C'est près de cette ville que Cicéron fut assassiné. — Dans le pays des Aurunces se trouvaient encore le mont Massique, *Massicus mons* (monte Massico, ou monte di Dracone), et la campagne de Falerne, *Falernus ager,* et le mont Cæcubes, *Cæcubus mons,* qui produisaient des vins si renommés.

196. V. SAMNIUM. — Le SAMNIUM ou pays des Samnites (Abruzze), au N. E., le long de la mer Adriatique, habité par des peuples puissants et belliqueux, qui résistèrent plus de soixante-dix ans à tous les efforts des Romains, avait pour villes principales :

197. MARRUBIUM, détruite, au bord du lac *Fucin* (lac de Celano); capitale des *Marses,* l'un des peuples les plus belliqueux de l'Italie.

Aufidena (Alfidena), sur le *Sagrus* (Sangro); l'une des capitales des Samnites.

Aternum (Pescara), à l'embouchure du fleuve de son nom. — Teate (Chieti), à l'O.; capitale des *Maruccins.* Elle a donné son nom à un ordre religieux.—Corfinium, ruinée, au S. O. d'Aternum; capitale des *Pélignes.* — Sulmo (Solmona), à l'O.; patrie du poëte Ovide. — Anxanum (Lanciano), à quelque distance de l'embouchure du Sagrus; capitale des *Frentans*, qui habitaient le long de la mer Adriatique. — Caudium (Ariola), au S., sur la frontière de la Campanie; village célèbre, près duquel étaient les *Fourches Caudines*, où les Samnites firent passer une armée romaine sous le joug. — Abellinum (Avellino), dans le pays des *Hirpins*, au S. des Samnites. — Picentia, vers la mer Tyrrhénienne, capitale des *Picentini*, peuple qui habitait le S. du Samnium, et qu'il ne faut pas confondre avec les habitants du Picenum. — Salernum (Salerne), sur la mer, où mourut Sylla.

198. Bénévent, *Beneventum*, sur la limite du pays des Samnites et des Hirpins, fondée, dit-on, par Diomède, et célèbre par la victoire qui termina la guerre de Pyrrhus.

199. VI. Campanie. — La Campanie, *Campania* (la plus grande partie de la Terre de Labour), au S. et à l'O. du Samnium, était vantée par les auteurs anciens comme la contrée la plus délicieuse de l'univers. — C'est dans ce pays que se trouvaient le Vésuve, *Vesuvius mons*, dont la première éruption connue, arrivée l'an 79 de J.-C., détruisit les villes d'*Herculanum* (sur laquelle on a bâti Portici), de *Pompeii* et de *Stabiæ*, et coûta la vie à Pline l'Ancien, qui périt victime de son amour pour les sciences; et le lac Averne, *Avernus lacus*, qui tirait son nom d'un mot grec qui signifie *sans oiseaux*, parce que les Anciens croyaient que les vapeurs qui s'en exhalaient suffoquaient les oiseaux qui essayaient de voler au-dessus : il occupe le cratère d'un volcan, de sorte que sa profondeur était très-grande. Toutes ces circonstances le faisaient considérer, dans l'antiquité, comme l'une des entrées des enfers.

200. Les principales villes de la Campanie étaient :

Capoue, *Capua* (rebâtie à quelque distance de l'ancienne),

près de la rive gauche du Vulturne ; capitale de la Campanie, fameuse par son luxe et par la mollesse de ses habitants. Ce délicieux séjour énerva le courage des troupes carthaginoises qu'Annibal y conduisit pour passer l'hiver après la bataille de Cannes.

VENAFRUM (Venafro), sur le Vulturne ; la ville la plus septentrionale de la Campanie, renommée par son huile d'olives.—TEANUM (Tiano), au S. de Venafrum ; une des plus grandes et des plus belles villes de la Campanie, fameuse par ses bains chauds. —CASILINUM, détruite, au N. O. de Capoue ; prise par Annibal, et reprise deux ans après par Fabius. — LITERNUM, au S. O. de Capoue, où se retira le grand Scipion, sur le tombeau duquel est, dit-on, bâtie la tour appelée aujourd'hui *Torre di Patria*.— PUTEOLI (Pouzzoles), au S. E. de Cumes, dont elle dépendait, avec un excellent port qui lui procura de grandes richesses. La côte qui s'étend en croissant au S. de cette ville formait le petit golfe de Baïes, *Baianus sinus*, couvert de superbes maisons de campagne, qui faisaient de ce lieu un séjour de délices pour les Romains. L'empereur Adrien mourut dans la petite ville de Baïes, *Baiæ*.

201. NOLE, *Nola* (qui a conservé son nom), au S. E. de Capoue ; une des villes les plus fortes de la Campanie, assiégée inutilement par Annibal, mais plus célèbre encore par la mort d'Auguste. — Cicéron possédait, à peu de distance de cette ville, une campagne appelée *Pompeianum*, où il composa plusieurs de ses traités.

CUMES, *Cumæ*, au S. O. de Capoue, sur la mer Inférieure ; fameuse par sa sibylle, et l'une des villes les plus puissantes et les plus riches de la Campanie, avec un port où aborda Énée, selon Virgile.

Aux environs de cette ville étaient les campagnes ardentes, célèbres dans l'antiquité sous le nom de *Phlegræi campi*, où l'on trouve encore aujourd'hui la *Solfatare*, montagne brûlante.

202. NAPLES, *Neapolis*, à l'E. de Pouzzole ; colonie grecque fondée sous le nom de *Parthénope*. Elle devint l'une des villes les plus considérables de la Campanie. C'est la patrie de l'historien Velleius Paterculus et du poëte Stace. On voit, à peu de distance de cette ville, le tombeau de Virgile, qui avait passé à Naples une partie de sa vie, et qui voulut y être enterré.

III. Grande Grèce.

203. Sa Position et Pays qu'elle comprenait. — L'Italie Méridionale, connue sous le nom de Grande Grèce, *Magna Græcia*, à cause du grand nombre de colonies grecques qui la peuplèrent, renfermait quatre pays principaux; savoir : l'*Apulie*, la *Messapie*, la *Lucanie* et le *Bruttium*.

204. I. Apulie. — L'Apulie ou la Pouille, *Apulia* (Capitanate, Terre de Bari et partie de la Basilicate), que les Grecs comprenaient, ainsi que la Messapie, sous le nom d'*Iapygie*, s'étendait le long de la mer Adriatique, et se divisait en Daunie, *Daunia*, au N.; et Peucétie, *Peucetia*, au S. Ses villes principales étaient :

205. Arpi, fondée par Diomède, et capitale des Dauniens.

Cannes, *Cannæ* (près de Barletta), à l'E., à peu de distance de l'embouchure de l'*Aufidus* (Ofanto); célèbre par la victoire la plus remarquable d'Annibal sur les Romains, qui y perdirent près de quatre-vingt mille hommes.

Luceria (Lucera), au N. O., fondée, dit-on, par Diomède. — Canusium (Canosa), au S. E. Les restes de l'armée romaine s'y retirèrent après la bataille de Cannes. — Venusia (Venosa), au S. O.; patrie d'Horace.

206. II. Messapie. — La Messapie, *Messapia* (duché d'Otrante), occupait toute la presqu'île au S. E. de l'Italie, et était habitée par les Calabrois, *Calabri*, au N. O., et les Salentins, *Salentini*, au S. E.; le promontoire *Iapygium* (cap Leuca) la terminait au S. Ses villes principales étaient :

207. Tarente, *Tarentum*, sur le golfe du même nom; fondée par les Lacédémoniens sous la conduite de Phalante. Son port, qui était très-vaste, joint à la position extrêmement avantageuse de cette ville entre l'Italie, la Sicile, l'Afrique, la Grèce et l'Illyrie, contribua à la rendre extrêmement opulente, de manière qu'elle devint la capitale de la Messapie, de l'Apulie et de la Lucanie. C'est la patrie du géomètre Archytas et du philosophe Lysis, qui fut disciple de Pythagore.

BRINDES, *Brundisium* (Brindisi), au N. E. de Tarente, à l'entrée de la mer Adriatique, avec un bon port, où l'on s'embarquait ordinairement pour passer en Grèce ; Virgile y mourut comme il se préparait à faire ce trajet. C'est la patrie de Pacuvius, poëte tragique. — **HYDRUNTUM** (Otrante), au S. E., à l'endroit le plus resserré du détroit qui donne entrée à la mer Adriatique, qui n'a, vis-à-vis de cette ville, qu'environ 72 kilomètres de largeur.

208. III. **LUCANIE.** — La **LUCANIE**, *Lucania* (partie de la Principauté Citérieure), entre le golfe de Tarente, à l'E., et la mer Tyrrhénienne, à l'O., avait pour villes principales :

209. **PŒSTUM** ou *Posidonia* (Pesti), sur le golfe de Salerne, que l'on appelait aussi golfe de Pœstum, *Pœstanus sinus*. Elle était célèbre par ses rosiers, et elle a conservé de beaux restes d'antiquités.

SYBARIS, détruite, sur le fleuve *Sybaris* (Roccanello), qui se jette dans le golfe de Tarente. La mollesse de ses habitants passa en proverbe : aussi, quoiqu'elle fût assez puissante pour mettre 300 mille hommes sur pied, le fameux Milon, à la tête de 100 mille Crotoniates, la détruisit ; elle fut ensuite rebâtie sous le nom de *Thurium*, et eut pour législateur Charondas qui se perça de son épée pour prouver son respect pour les lois. L'historien Hérodote et l'orateur Lysias se fixèrent dans cette ville.

HELEA (Castello a Mare della Brucca), au S. E. de Pœstum, sur un petit golfe du même nom ; patrie du philosophe Zénon Héléate, que le tyran Néarque fit piler dans un mortier. — **MÉTAPONTE**, détruite, sur le golfe de Tarente, fondée, dit-on, par Épéus, qui avait construit le fameux cheval de Troie. Pythagore y mourut. — **HÉRACLÉE**, ruinée, au S. O. de Métaponte, à l'embouchure de l'Aciris ; patrie du fameux peintre Zeuxis. Pyrrhus défit les Romains près de cette ville.

210. IV. **BRUTTIUM.** — Le **BRUTTIUM** (Calabre Ultérieure) occupait l'extrémité méridionale de l'Italie ; ses villes les plus remarquables étaient :

211. Consentia (Cosenza), au centre, sur le Crathis (Crati) ; capitale des Bruttiens.

Crotone, *Crotona*, à l'E., sur la mer Ionienne ; célèbre par ses écoles de philosophie, et par ses athlètes, dont Milon fut le plus fameux.

Locres, *Locri* (Motta di Bruzzano), au S., fondée par des Locriens de Grèce ; elle prit le surnom d'*Epi-Zephyrii*, de sa situation près du promontoire *Zephyrium*. Elle devint une des principales villes du Bruttium, et eut pour législateur Zaleucus, philosophe pythagoricien.

Rhegium (Reggio), au S. O., sur le détroit de Sicile, vis-à-vis de Messine, qui n'en est qu'à 13 kilomètres environ. Elle devint fort puissante, et fut la patrie d'Agathocle, qui, quoique fils d'un potier, devint roi de Sicile.

Petilia (Strongoli), à l'E., près de la mer Ionienne, fondée par Philoctète et célèbre par sa fidélité envers les Romains pendant la seconde guerre punique. — Scylacium (Squillace), sur le golfe du même nom, patrie de Cassiodore. Mamertum (Oppido), au S. O. de Scylacium ; c'est de cette ville qu'étaient sortis les Mamertins, qui s'emparèrent de celle de Messine en Sicile.

Sur la côte orientale du Bruttium, au S. de Crotone, était un rocher nommé *Calypsus*, où l'on plaçait la demeure de la nymphe Calypso, et que l'on compte quelquefois parmi les îles de la Grèce.

Iles de l'Italie.

212. Les îles qui dépendaient de l'Italie étaient situées dans la Méditerranée ; on en comptait trois principales : savoir : la *Sicile*, la *Sardaigne* et la *Corse*, que nous allons décrire successivement ; nous parlerons ensuite des petites îles répandues sur la côte occidentale de l'Italie.

i. Sicile.

213. Position et Noms anciens. — La Sicile, *Sicilia*, au S. de la mer Tyrrhénienne, et à l'O. de celle à laquelle elle donnait son nom, est séparée de l'Italie par le détroit de Sicile, *Fretum Siculum* (Phare de Messine), où se trouvent les rochers de *Scylla* et le tourbillon de *Charybde*, jadis redoutés des navigateurs, et qui, dans l'endroit le plus resserré, n'a que 3 kilomètres de largeur.—Elle a environ 800 kilomètres de tour, et prit successivement les noms de Sicanie, *Sicania*, des Sicanes, *Sicani*, peuples venus de l'Espagne; et de Sicile, *Sicilia*, des Sicules, *Siculi*, venus de l'Italie.— Les trois promontoires qui lui avaient fait donner par les poëtes le nom de Trinacrie, *Trinacria*, étaient : le Pélore, *Pelorum* (cap Faro), le Pàchyne, *Pachynum* (cap Passaro), et celui de Lilybée, *Lilybœum* (cap Boëo).

214. Montagnes. — Parmi les montagnes qui couvrent une partie de cette île, sous les noms de monts *Nebrodes* et *Heræi*, on remarquait le mont *Etna* (Etna ou Gibel), où les poëtes plaçaient les forges de Vulcain et la demeure des Cyclopes; et le mont *Éryx* (le mont Saint-Julien), à l'O., sur le sommet duquel était un temple consacré à Vénus.

215. Villes. — Les plus remarquables étaient :

Messine, *Messana*, sur le détroit : elle s'appelait d'abord *Zancle*, et fut ensuite habitée par des Messéniens chassés du Péloponèse.

Syracuse, *Syracusæ*, au S. E., sur la mer de Sicile, fondée par les Corinthiens, 757 ans avant J.-C., capitale de la Sicile, et l'une des plus grandes, des plus belles et des plus puissantes villes grecques; patrie d'Archimède, fameux mathématicien, et des poëtes Théocrite, Épicharme et Moschus.

C'est dans l'île d'*Ortygie*, qui formait l'un des quartiers de Syracuse, que coulait la fontaine *Aréthuse*, célèbre dans les poëtes, qui supposent que l'Alphée, fleuve du Péloponèse (267), se fraye une route secrète sous les flots de la mer pour venir mêler ses eaux à celles de cette fontaine.

Catane, *Catana*, au N. O., sur la même mer; ville riche et bien peuplée, près des plaines qu'habitaient les *Lestrygons*, l'un des plus anciens peuples de la Sicile qu'Homère dépeint comme très-féroces. — Helorum (Murri-Ucci), au S. O. de Syracuse, près du fleuve *Asinarus*, sur les bords duquel les Athéniens, qui venaient pour s'emparer de la Sicile, furent entièrement défaits. — Camarina, auparavant *Hyperia* (en ruines sous le nom de Camarana), sur la côte méridionale, l'une des villes les plus riches de la Sicile.

216. AGRIGENTE, *Agrigentum* (Girgenti), au N. O. de Syracuse, et après elle, la première ville de la Sicile. Elle possédait un temple magnifique de Jupiter Olympien dont on admire les ruines gigantesques. C'est là que régna le tyran Phalaris et que naquit le philosophe Empédocle, qui se précipita dans le cratère de l'Etna pour s'immortaliser.

SÉLINONTE, *Selinus*, détruite, au N. O. d'Agrigente, l'une des villes les plus considérables de la Sicile, fondée par les Mégariens.

LILYBÉE, *Lilybœum* (Marsala), près du cap du même nom. Elle appartint longtemps aux Carthaginois, dont elle était la plus forte place dans la Sicile.

PANORME, *Panormus* (Palerme), au fond d'un golfe, avec un port très-commode ; c'était la place la plus considérable que possédassent en Sicile les Carthaginois, lorsque les Romains s'en rendirent maîtres.

217. DREPANUM (Trapani), au N. E. de Lilybée, port où aborda Énée, et où il fit les funérailles de son père Anchise. Cette ville est encore plus célèbre par un combat naval dans lequel les Romains furent complétement défaits par les Carthaginois. — HIMERA, détruite, au S. E. de Panorme, fameuse par une grande bataille dans laquelle Gélon, roi de Syracuse, défit les Carthaginois, qui y perdirent 150 mille hommes. — MYLÆ (Melazzo), au N. E. d'Himère, près de laquelle les Romains, commandés par Duillius, gagnèrent leur première victoire navale sur les Carthaginois. — ENNA (Castro-Giovanni), au centre de la Sicile, près des plaines où Pluton, selon la Fable, enleva Proserpine. — HYBLA MAJOR (Paterno), à l'E. d'Enna, fameuse par son miel. — LEONTINI (Lentini), au S. E. d'Hybla ; ville grecque qui avait formé une république assez puissante, et dont les environs étaient d'une fertilité prodigieuse. — EGESTA ou SEGESTA, détruite, au S. O. de Panorme ; fondée, disait-on, par Énée, et l'une des villes les plus puissantes de la Sicile.

218. ILES VOISINES DE LA SICILE. — Les plus remarquables étaient :

1° Les îles ÉOLIENNES OU VULCANIENNES, *Æoliæ* ou *Vulcaniæ* (îles de Lipari), au N. ; îles volcaniques au nombre de sept, dont les principales étaient LIPARA (Lipari), la plus considérable de toutes, avec une capitale du même nom, et dont les habitants étaient Grecs d'origine ; HIERA ou *Vulcania* (Volcano), spécialement consacrée à Vulcain ; STRONGYLE (Stromboli), regardée comme le séjour d'Éole, roi des vents.

2° Les îles ÉGATES, *Ægates* (îles Maretimo, Levanzo et Favignana), à l'O. Elles sont célèbres par la victoire navale que les Romains remportèrent dans les environs, et qui termina la première guerre Punique.

219. 3° COSSYRA (Pantelaria), au S. des précédentes.

4° MELITA (Malte), au S. de la Sicile, avec une capitale du même nom (Rabatto). Elle avait de bons ports, et était très-fertile. On croit que ce fut sur ses côtes que saint Paul fit naufrage : d'autres pensent que ce fut à Melida (Mélite), sur les côtes de la Dalmatie.

5° GAULOS (Gozzo), au N. de Malte, et peuplée comme elle par des Phéniciens.

II. SARDAIGNE.

220. POSITION ET VILLES PRINCIPALES. — La SARDAIGNE, *Sardinia*, appelée aussi par les Grecs *Ichnusa*, parce que sa forme ressemble à celle du pied d'un homme, est située au N. O. de la Sicile, et n'a guère moins d'étendue qu'elle. — On y trouvait :

CARALIS (Cagliari), au S. E., sur le golfe de son nom, capitale de l'île ; fondée par les Phéniciens, et considérablement agrandie par les Carthaginois.

TURRIS LIBISSONIS (Porto di Torres), au N., ville romaine, dont les environs conservent encore le nom de *Romagne*.

III. CORSE.

221. POSITION. — L'île de CORSE, *Corsica*, appelée d'abord *Cyrnos*, était au N. de la précédente, dont elle est séparée par le détroit de *Taphros* (détroit de Bonifacio), large de 12 kilomètres. — Elle était stérile, et ses habitants féroces et stupides. — Ses villes principales étaient :

ALERIA, ou *Alalia*, ruinée, sur la côte orientale ; fondée par les Phocéens.

Nicæa, nommée ensuite *Mariana*, conservant aujourd'hui ce dernier nom, qu'elle devait à Marius, au N. de la précédente. — Nantinorum Oppidum (Bastia), au N.

IV. Iles répandues sur la côte occidentale de l'Italie.

222. Les plus remarquables étaient, en commençant par le nord :

223. Ilva (île d'Elbe), nommée *Æthalia*, par les Grecs, sur la côte d'Étrurie; elle est célèbre par ses belles mines de fer et par ses carrières de marbre.

224. Planasia (Pianosa), au S. O. de l'île d'Elbe. Auguste y relégua son petit-fils Agrippa. Pontia (Ponza), vis-à-vis de la côte du Latium, au S. du promontoire de *Circé*, où l'empereur Tibère fit périr Drusus Néron, son petit-fils. — Pandataria (Vendotena), au S. E. de Pontia, célèbre par la mort de Julie et par celle d'Agrippine, fille et petite-fille d'Auguste. — Ænaria, appelée aussi *Pithecusa* et *Inarimé* (Ischia), vis-à-vis de Baïes; elle est sujette à des tremblements de terre, qui ont fait dire aux poëtes que Typhée, foudroyé par Jupiter, était étendu sous cette île. Elle était habitée par des Grecs, ainsi que les deux suivantes : — Prochyta (Procida), entre Ænaria et le continent. — Caprées, *Capreæ* (Capri), aussi sur la côte de la Campanie, au S. E. des précédentes, célèbre par les débauches et par la mort de Tibère.

Sur la côte orientale de l'Italie, on ne trouvait que les îles de Diomède, *Diomedeæ insulæ* (îles de Tremiti), au N. de l'Apulie; elles tiraient, disait-on, leur nom de ce que les compagnons de Diomède s'y retirèrent après la mort de ce prince, qui, trouvant ses États envahis à son retour de Troie, vint habiter dans la Daunie.

MÉSIE.*

225. BORNES ET DIVISIONS. — La Mésie, *Mœsia* (Servie et Bulgarie), séparée de la Pannonie à l'O. par la *Save* et le *Drin*, son affluent, s'étendait le long de l'*Ister* (Danube), qui la bordait au N., jusqu'au Pont-Euxin, qu'elle touchait à l'E. Elle avait pour bornes au S. la chaîne des monts *Hæmus et Orbelus*, qui la séparaient de la Macédoine, et s'étendait au S. O. jusque sur les pentes méridionales de la portion de cette même chaîne de montagnes, connue sous le nom de *Scardus*, et qui était occupée par la peuplade des *Dardaniens*, regardée comme une colonie des Dardaniens de l'Asie Mineure. — La Mésie fut d'abord divisée, relativement au cours du Danube, en *Supérieure*, à l'O., et *Inférieure*, à l'E.; à l'époque du règne de l'empereur Aurélien, une troisième province y fut formée aux dépens des deux autres et prit le nom de *Dacie d'Aurélien*; enfin, plus tard encore, les subdivisions s'y multiplièrent jusqu'au nombre de six.

226. VILLES. — Les principales étaient :

1° Dans la Mésie Supérieure, dont la partie méridionale, occupée par les Dardaniens, finit par former une province particulière sous le nom de *Dardanie :*

SINGIDUNUM (aujourd'hui Belgrade), au confluent de la Save et du Danube, munie par l'empereur Justinien de fortifications qui la rendirent un des boulevards de l'empire. — MARGUM ou MARGUS (près de Passarovitz), au confluent du *Margus* (aujourd'hui Morava) avec le Danube, remarquable par la victoire de Dioclétien sur Carin.

VIMINACIUM (près de Kastolatz), sur le Danube, importante colonie romaine, métropole de la province.

SCUPI (aujourd'hui Uskup), au S. du mont Scardus, dans la *Dardanie*, dont elle devint la capitale.

2° Dans la Dacie d'Aurélien, qui se divisa par la suite en *Dacie Riveraine*, sur les bords du Danube, et *Dacie Intérieure :*

---

* Consulter, dans mon *Atlas à l'usage des colléges*, la carte de l'EMPIRE ROMAIN.

Taliatis (près de Goloubintza), sur le Danube, qui forme un peu plus bas une petite cataracte, au-dessous de laquelle il commençait à porter le nom d'*Ister*. Un peu plus bas encore, dans un endroit où le fleuve a peu de profondeur, se trouvait le *Pont de Trajan*, d'un kilomètre de long, et bâti par ce prince pour faciliter les communications avec la Dacie, réunie par lui à l'empire.

Ratiaria (aujourd'hui Arzer Palanka), plus au S., sur le Danube ; elle devint la métropole de la Dacie Riveraine.

OEscus (Orezovitz), près de l'embouchure de la rivière du même nom (aujourd'hui Isker) dans le Danube. Elle paraît avoir été la principale ville des *Triballes*, peuple qui résista courageusement à Alexandre le Grand.— Naïssus (aujourd'hui Nissa), dans l'intérieur, patrie du grand Constantin, premier empereur chrétien.

Sardique, *Sardica*, nommée aussi *Triaditza* (nom qu'elle a conservé), près du mont Orbélus ; elle fut sous Aurélien la capitale de toute la Dacie Aurélienne, et, après la division, celle de la Dacie Intérieure.

Tauresium (aujourd'hui Ghiustendil), au S. E. de Sardique, patrie de l'empereur Justinien.

227. 3° Dans la Mésie Inférieure, dont la partie orientale, désignée sous le nom de *Petite Scythie*, finit par former une province particulière :

Nicopolis (aujourd'hui Nicopoli), surnommée *sur l'Ister, ad Istrum*, pour la distinguer de deux autres villes du même nom situées dans la même province. Celle-ci avait été bâtie par Trajan pour perpétuer le souvenir de ses victoires sur les Daces.

Marcianopolis (aujourd'hui Marcenopoli), au S. E., capitale de la Mésie Inférieure.

Tomes, *Tomi* (aujourd'hui Tomeswar ou Mangalia), sur le Pont-Euxin, célèbre par l'exil d'Ovide, qui trace un tableau affreux de ce séjour. Elle devint par la suite la métropole de la Petite Scythie.

On trouvait encore près des embouchures du Danube, deux îles, savoir : Peucé, formée par un bras du fleuve, sur lequel Darius jeta un pont pour marcher contre les Scythes. — Achillis ou Leucé (île aux serpents), vis-à-vis des embouchures du Danube.

THRACE.[*]

228. BORNES. — La THRACE, *Thracia* (Roum-ili), était bornée au N. par la Mésie, à l'O. par la Macédoine, au S. par la mer Égée, l'Hellespont et la Propontide, au S. E. par le Bosphore de Thrace, et à l'E. par le Pont-Euxin. — Elle était arrosée par l'Hèbre, *Hebrus* (Maritza), sur les bords duquel le fameux poëte Orphée, Thrace de nation, fut mis en pièces par les bacchantes.

229. VILLES PRINCIPALES :

PHILIPPOPOLIS (Philippopoli), au N., bâtie par Philippe, sur l'emplacement d'une autre nommée *Trimontium*, parce qu'elle renfermait trois collines : il y plaça les Phocidiens sacriléges qui avaient pillé le temple de Delphes, ce qui lui fit donner le nom de *Poneropolis* (la ville des méchants). Elle était située dans le pays des *Bessi*, le peuple le plus féroce de la Thrace, et chez lequel on trouvait un oracle de Bacchus.

ORESTIAS, appelée ensuite *Hadrianopolis* (Andrinople), au S. E. de Philippopolis, près de l'endroit où l'Hèbre reçoit deux rivières nommées *Ardiscus* (Arda), à sa droite, et *Tonsus* (Tonza), à sa gauche. Ces deux rivières forment, avec l'Hèbre, les trois fleuves dans lesquels Oreste se purifia, dit-on, du meurtre de sa mère. Cette ville se trouvait dans le pays des *Odryses*, l'une des nations les plus puissantes de la Thrace.

PÉRINTHE, *Perinthus*, ensuite Héraclée, *Heraclea* (Erekli), dont les Athéniens forcèrent Philippe à lever le siége : elle était sur la Propontide. — A l'E. de cette ville commençait une muraille appelée le Long Mur, *Macron Tichos*, dont l'autre extrémité aboutissait à *Dercon*, ville sur le Pont-Euxin. Elle avait été bâtie, au commencement du sixième siècle,

---

[*] Consulter, dans mon *Atlas à l'usage des colléges*, pour ce pays et pour les suivants, les cartes de la GRÈCE, de l'EMPIRE D'ALEXANDRE et de l'EMPIRE ROMAIN.

par l'empereur Anastase, pour protéger Constantinople contre les attaques des Barbares.

230. Byzance, *Byzantium*, ensuite Constantinople, *Constantinopolis* (Stamboul), à l'entrée méridionale du Bosphore de Thrace, fondée par une colonie grecque conduite par Byzas, qui lui donna son nom. Après avoir été une des villes les plus remarquables de l'empire romain, elle était devenue presque déserte, lorsque Constantin la rendit une des premières villes du monde, en y fixant le siége de son empire.

231. Abdera (Polystilo), sur la mer Égée, à l'embouchure du fleuve Nestus, une des plus anciennes et des plus célèbres de la Thrace. Les Abdéritains passaient pour un peuple stupide et grossier ; leur ville a cependant donné naissance aux philosophes Démocrite, Protagoras, Anaxarque et autres. Une partie de la côte voisine était habitée par une nation appelée Bistons ou Bistonies, *Bistonii*.

Maronea (Marogna), sur la mer, à l'E. d'Abdère, dans le pays des *Cicones*. Le vin que produisait cette contrée, et en particulier le mont *Ismarus*, était célèbre par sa force ; c'est de ce dernier qu'Ulysse fit boire à Polyphème. On trouvait aussi dans ce pays la plaine de Dorisque, *Doriscus campus*, qui pouvait contenir dix mille hommes, et qui servit, dit-on, à faire le dénombrement de l'armée de Xerxès. — Mesembria (Misevria) sur la mer, au S. E. de Maronée. — Tyrida, dans l'intérieur. C'est là que l'on place la demeure de ce barbare Diomède qui nourrissait ses chevaux de chair humaine. — Ænos, au S. E. de l'embouchure de l'Hèbre ; elle se glorifiait d'avoir été fondée par Enée. Dans le voisinage était le tombeau de Polydore, fils de Priam, que Polymestor, roi de Thrace, fit tuer pour s'emparer de ses trésors. — Trajanopolis (Trajanopoli), sur l'Hèbre, fondée par l'empereur Trajan. — Bisanthe ou Rhedestus (Rodosto), près de la Propontide, dans la partie de la Thrace qui portait le nom d'Europe, *Europa*. — Bysia, à quelque distance du Pont-Euxin, capitale du pays appelé *Astique*, habité autrefois par des peuples barbares qui pillaient tous ceux qui faisaient naufrage sur leurs côtes.

232. Chersonèse. — Au S. E. de la Thrace, se trouvait la presqu'île appelée *Chersonèse de Thrace*, qui renfermait les villes suivantes :

Sestos, bâtie à l'endroit le plus resserré de l'Hellespont, presque vis-à-vis d'Abydos, en Asie, dont elle n'est éloignée que d'environ 6 kilomètres. C'était le passage le plus fréquenté de l'Hellespont.

Lysimachia (en ruines, près de Boulaïr), à l'entrée de la Chersonèse, bâtie par Lysimaque, qui en fit sa capitale, après l'avoir ruinée :

Cardia, située à l'embouchure du fleuve *Melas* dans le golfe du même nom, vers l'isthme qui joint la Chersonèse au reste de la Thrace. Elle avait donné naissance à Eumène, l'un des successeurs d'Alexandre, et à l'historien grec Hiéronyme. — Gallipolis (Gallipoli), vers l'entrée septentrionale de l'Hellespont, auquel elle donne aujourd'hui son nom.

On trouvait encore dans la Chersonèse le petit fleuve nommé *Ægos potamos*, fleuve de la Chèvre, qui a son embouchure dans l'Hellespont, près de l'endroit où Lysandre, général lacédémonien, remporta sur la flotte athénienne une victoire qui mit fin à la guerre du Péloponèse.

223. Îles. — Celles qui dépendaient de la Thrace étaient au nombre de deux, situées dans la mer Égée, savoir : — Samothrace (Samotraki), célèbre par les mystères qui y avaient été institués en l'honneur des dieux Cabires *, et patrie d'Aristarque, fameux grammairien, et critique si judicieux, que son nom s'emploie souvent pour désigner un censeur éclairé. — Imbros, au S. E. de la précédente, peuplée par des Pélasges, et consacrée aussi au culte des dieux Cabires.

---

* Ces dieux étaient ceux que les Romains appelaient *dieux puissants*, c'est-à-dire Cérès, Proserpine, Pluton, avec Mercure, qui était comme leur ministre.

MACÉDOINE.

234. BORNES ET DIVISIONS. — La MACÉDOINE, *Macedonia* (Macédoine et Basse-Albanie), prise dans sa plus grande étendue, et telle qu'elle était après la conquête qu'en fit Paul-Émile, était bornée au N. par la Dardanie, qui fait partie de la Mésie ; à l'O. par la mer Adriatique ; au S. par l'Épire, la Thessalie et la mer Égée ; et à l'E. par le fleuve *Nestus* (Mesto), qui la sépare de la Thrace. — Ce pays renfermait plusieurs petits royaumes indépendants, que Philippe subjugua, et dont il forma un État puissant. Paul-Émile, après sa conquête, partagea la Macédoine en quatre régions : la première, à l'E., vers la Thrace ; la seconde, à l'O. de la première ; la troisième, à l'O. de la seconde ; et la quatrième, sur la mer Adriatique. Nous suivrons cette division en nommant les villes de ce pays.

235. MONTAGNES, FLEUVES ET VILLES REMARQUABLES. — On trouvait dans la Macédoine plusieurs montagnes remarquables, savoir : le mont Pangée, *Pangeus mons* (monts Castagnatz), qui renfermait des mines d'or et d'argent exploitées par Philippe, et le mont *Athos* (Monte-Santo), dans la presqu'île à laquelle il donnait son nom ; il tire celui qu'il porte aujourd'hui des couvents grecs qui le couvrent. — Ses principales rivières étaient le *Strymon* (Strouma) et l'*Axius* (Vardari). Elle avait pour villes principales :

236. 1° Dans la Première région, comprise entre le Nestus et le Strymon ;

PHILIPPES, *Philippi* (en ruines), au centre, ainsi nommée de Philippe, père d'Alexandre le Grand, qui la fortifia. Elle est célèbre dans l'histoire par la bataille où Brutus et Cassius, les derniers défenseurs de la liberté romaine, furent défaits par Antoine et Octave, surnommé depuis *Auguste*. Une des épîtres de saint Paul est adressée à ses habitants auxquels il prêcha l'Évangile, l'an 52 de J.-C.

Dans cette partie de la Macédoine habitaient les Bisaltes, *Bisaltæ*, peuple renommé par sa valeur.

Amphipolis (Iamboli), appelée d'abord les Neuf Voies, *Novem Viæ*, sur le Strymon, ville forte sous Philippe : elle était aussi nommée la Ville d'Or, *Chrysopolis*, à cause des mines d'or qui étaient aux environs. C'est la patrie de Pamphile , peintre célèbre, maître d'Apelles, et fondateur de la fameuse école de peinture de Sicyone.

237. **2°** La Seconde région était comprise entre le Strymon et l'Axius, et renfermait au S. la presqu'île *Chalcidique*, formée par le golfe Strymonique, à l'E., et le golfe Thermaïque, à l'O. — Elle avait pour villes principales :

Olynthe, *Olynthus*, détruite, au fond du golfe *Toronaïque* (auj. Hagios Mamas). Ce fut la prise et la destruction de cette ville par Philippe, père d'Alexandre, qui donna lieu aux *Olynthiennes* de Démosthènes.

Thessalonique, *Thessalonica*, anciennement *Therma* (Salonique ou Saloniki), au fond du golfe Thermaïque. Cette ville fut puissante sous les Romains. Deux des épîtres de saint Paul sont adressées à ses habitants.

Stagyre, *Stagyra* (auj. Stravro), sur la côte occidentale du golfe Strymonique; patrie d'Aristote, célèbre philosophe qui fut le précepteur d'Alexandre.

Torone (Toron), sur le golfe auquel elle donnait son nom. — Potidée, *Potidea*, à l'entrée de la presqu'île de *Pallène*; elle eut à soutenir un siége de trois ans contre les Athéniens. — Chalcis, qui donnait son nom à la presqu'île *Chalcidique*. — Apollonie de Mygdonie, *Apollonia Mygdoniæ* (Bouiouk, Beerhik), dans la *Mygdonie*, l'une des plus grandes provinces de la Macédoine, située au nord de la presqu'île Chalcidique, et conquise sur la Thrace par les prédécesseurs d'Alexandre.

238. **3°** Dans la Troisième région, qui s'étendait au N. de la Thessalie, depuis l'Axius et le golfe Thermaïque, à l'E., jusqu'aux montagnes qui la séparent, à l'O., de la Quatrième région, on trouvait :

Édesse, *Edessa* ou *Ægea* (Edissa, près de Vodena), dans la province nommée *Émathie*, la plus ancienne de la Macédoine, et celle qui renfermait les villes les plus célèbres; Édesse fut la capitale de tout le royaume jusqu'à Philippe, qui transporta sa résidence à Pella; Édesse continua cependant à être le lieu de la sépulture des rois.

Pella (Palatia), au S. E. d'Édesse, sur les bords d'un lac ;

renommée par la naissance d'Alexandre le Grand. Elle fut la capitale de la Macédoine jusqu'à la réduction de ce pays en province romaine.

MÉTHONE, au siége de laquelle Philippe fut blessé d'une flèche lancée du haut des murailles, et sur laquelle était écrit : *Aster, à l'œil droit de Philippe.* — DIUM (Standia), au S., où Alexandre fit élever des statues de bronze, ouvrage du fameux sculpteur Lysippe, à ceux des soldats de sa garde qui avaient péri à la bataille du Granique. Ces deux villes étaient dans la province appelée *Piérie*, qui confinait à la Thessalie.

239. 4° La Quatrième région, située au N. de l'Épire, entre la Troisième région, à l'E., et la mer Adriatique, à l'O., faisait partie de l'Illyrie, et portait même le nom d'Illyrie grecque, *Illyris Græca*, parce que plusieurs colonies grecques étaient venues s'y établir. Elle fut attribuée par les Romains à la Macédoine, et prit dans la suite le nom d'*Albanie*, qu'elle conserve encore aujourd'hui. — Ses villes principales étaient :

DYRRACHIUM, auparavant *Epidamnus* (Durazzo), sur la mer Adriatique, fondée par les Corcyréens. Cicéron y passa dix mois en exil.

Au N. de Dyrrachium était le promontoire *Nymphæum*, dans le voisinage duquel était une plaine d'où l'on voyait souvent s'élever des flammes qui ne nuisaient en rien à la végétation. — Au S. E. était le village appelé *Petra*, près duquel Pompée, assiégé par César, sut lui échapper. — APOLLONIA (Bolma), près du fleuve *Aoüs* (Voïoussa). Octave y était occupé à étudier les belles-lettres lorsqu'il apprit la mort de Jules César. — AULON (Avlona), sur un petit golfe qui forme un port, où l'on s'embarquait ordinairement pour passer de la Grèce en Italie. — ALBANOPOLIS (Albassan), dans l'intérieur, sur le fleuve *Genusus* (Scombi). — LYCHNIDUS (Okhrida), près d'un lac d'où sort le *Drilo* (Drin).

240. ILE. — A peu de distance de la côte méridionale de la Première région se trouvait, dans la mer Égée, l'île de *Thasos* (Tasso), qui renfermait des mines d'or et d'argent, et des carrières d'un marbre très-fin. Elle était aussi très-fertile en grains et en excellents vins. C'est la patrie du peintre Polygnote.

ÉPIRE.

241. Bornes et Villes principales. — L'Épire, *Epirus* (Haute-Albanie), dont le nom signifie *continent*, par opposition à l'île de Corcyre, qui est située vis-à-vis, avait au N. l'Illyrie, à l'O. la mer Adriatique et la mer Ionienne, au S. le golfe d'Ambracie (golfe de l'Arta) et l'Étolie, et à l'E. le Pinde, qui la séparait de la Thessalie. — Elle renfermait plusieurs peuples indépendants, qui furent tous réunis sous le gouvernement de Pyrrhus. — Ses villes principales étaient :

242. 1° Dans la Chaonie (la Canina), province la plus septentrionale de l'Épire, traversée par les monts *Acrocérauniens* (monts de la Chimère) : — Oricum (Orico), au fond d'un golfe formé par la mer Ionienne; — Chimæra (Chimera), au S. E. d'Oricum.

2° Dans la Thesprotie, vis-à-vis de l'île de Corcyre : — Buthrotum (Butrinto), fondée par Hélénus, fils de Priam, qui y reçut Énée, lorsqu'il se rendit en Italie.

Ambracie, *Ambracia*, sur le fleuve *Arethon* (Arta), à 8 kilomètres de son embouchure dans le golfe auquel cette ville donnait son nom (golfe de l'Arta), ancienne capitale des États de Pyrrhus.

Nicopolis, ou la *ville de la Victoire* (Prevesa), sur le golfe d'Ambracie, bâtie par Auguste en mémoire de la bataille d'Actium. — C'est dans cette partie de l'Épire que coulait l'*Achéron*, qui reçoit le *Cocyte*. Vers son embouchure se trouvait le marais Achérusien, *Acherusia palus*, dans une des îles duquel Thésée fut retenu prisonnier par un des rois du pays, Aïdonée, dont il avait voulu enlever la femme : ce qui donna lieu à la fable qui fait descendre ce héros aux enfers pour enlever Proserpine.

243. 3° Dans le pays des Molosses, *Molossi*, le peuple le plus puissant de l'Épire, qui habitait les plaines de Janina, au S. E. vers la Thessalie.

Passaro (Aliée-Castro), qui paraît avoir été la capitale des Molosses.

Dodone (Proskynisis, près de Gardiki), fameuse par sa forêt consacrée à Jupiter, et dont les chênes rendaient des oracles. Cet oracle passait pour le plus ancien de toute la Grèce.

GRÈCE.

244. BORNES ET DIVISIONS. — La GRÈCE, *Græcia* (Janina, Livadie et Morée), dans laquelle nous ne comprenons pas ici les pays voisins qu'on a ensuite désignés sous le même nom, et que nous venons de décrire, avait pour bornes, au N. la Macédoine et l'Épire, à l'O. la mer d'Ionie, au S. la mer de Crète, et à l'E. la mer Égée. — Elle se divisait naturellement en trois parties, savoir : la *Grèce propre,* le *Péloponèse* et les *Iles.*

GRÈCE PROPRE.

245. POSITION ET DIVISIONS. — La Grèce propre, qui occupait tout le N. de la Grèce jusqu'aux golfes de Corinthe et d'Égine, renfermait six pays principaux, savoir : la *Thessalie,* l'*Acarnanie,* l'*Étolie,* la *Phocide,* la *Béotie* et l'*Attique.*

246. MONTAGNES. — On trouvait dans ce pays plusieurs montagnes remarquables, telles que l'Olympe, *Olympus,* où les poëtes plaçaient la demeure des dieux ; l'*Ossa* (Kissovo), au pied duquel était la fameuse vallée de *Tempé,* si souvent chantée par les poëtes ; le *Pélion,* célèbre dans la Fable, ainsi que les deux précédentes, par le combat des géants : il forme, en s'avançant dans la mer Égée, un cap appelé autrefois *Sepias* (Saint-Georges), près duquel une partie de la flotte de Xerxès fut brisée par une tempête ; le Pinde, *Pindus,* consacré aux Muses ; l'*OEta,* qui sépare au S. la Thessalie de la Phocide, et fameux dans la Fable par la mort d'Hercule, qui se brûla sur l'un de ses sommets. C'est aussi entre l'une des croupes les plus élevées de cette montagne et la mer, que se trouvait le fameux passage des *Thermopyles** (Bocca di Lupo), défendu par Léonidas, avec trois cents Spar-

---

* Le nom de *Thermopyles*, qui signifie *portes chaudes*, avait été donné à ce défilé, parce qu'il s'y trouvait des sources chaudes d'eaux minérales.

tiates, contre l'innombrable armée des Perses ; le Parnasse, *Parnassus*, sur le double sommet duquel les poëtes placent le séjour d'Apollon et des Muses, et d'où découlait la fontaine de Castalie, *Castalius fons*, dont les eaux, selon les poëtes, avaient la vertu de produire l'enthousiasme poétique ; l'*Hélicon*, consacré aux Muses, ainsi que les fontaines *Aganippe* et *Hippocrène*, et le petit fleuve Permesse, *Permessus*, qui en découlaient ; le *Libethrius*, d'où ces déesses étaient appelées *Libéthrides* ; le *Cithéron*, célèbre par la fin tragique de Laïus ; le Pentélique, *Pentelicus*, fameux par le beau marbre qu'on en tirait ; l'Hymette, *Hymettus*, dont les abeilles produisent d'excellent miel ; le *Laurium*, qui renfermait d'abondantes mines d'argent.

247. RIVIÈRES. — Les plus remarquables étaient : le Pénée, *Peneus* (Salembria), qui arrosait la délicieuse vallée de *Tempé* ; l'*Acheloüs* (Aspropotamo), célèbre dans la mythologie par son combat contre Hercule ; l'*Evenus* (Fidaris), sur les bords duquel ce même héros tua le centaure Nessus.

248. I. THESSALIE. — La THESSALIE, *Thessalia* (Janina), au N. E. de la Grèce et entourée de montagnes, fut longtemps habitée par les Doriens, et peut être regardée comme le berceau de la nation grecque.—Ses villes principales étaient :

249. LARISSE , *Larissa*, qui conserve son nom , sur le Pénée, l'une des villes les plus considérables de la Thessalie, et célèbre pour avoir été la demeure d'Achille. Elle se trouvait dans le canton appelé Pélasgiotide, *Pelasgiotis*, nom qu'il tirait des Pélasges, ses plus anciens habitants, qui se répandirent de là dans plusieurs parties de la Grèce.

C'est aussi dans ce canton, sur les bords du Pénée, qu'avaient habité les *Centaures*, qui étaient si bons cavaliers, que la Fable les peint moitié hommes et moitié chevaux. Ils furent chassés du pays par les *Lapithes*, leurs voisins, et exterminés totalement par Hercule. On trouvait encore dans la même contrée les collines nommées CYNOS CEPHALÆ, les têtes de Chien, au S. E., fameuses par la victoire de Flamininus sur Philippe II, roi de Macédoine.— TRICCA (Tricala), à l'O., sur le Pénée, regardée par quelques auteurs comme la patrie d'Esculape, dieu de la médecine.—Gomphi (Stagi), mise au pillage par César.

250. Phères, *Pheræ* (Velestina), au S. E. de Larisse; elle était, dit-on, la demeure d'Admète, dont Apollon garda les troupeaux sur les bords de l'Amphryse, *Amphrysus*, qui coulait au S. de cette ville et portait ses eaux dans le golfe Pélasgique.

Pharsale, *Pharsalus* (Farsa), près de l'*Énipée*, dans la Thessalie propre, célèbre par la bataille gagnée par César sur Pompée, l'an de Rome 704, et qui décida du sort de la république romaine.

Demetrias, en ruines, sur le golfe Pélasgique, bâtie par Démétrius Poliorcète, et longtemps le port principal des Macédoniens.—Pagasæ (Volo), au N. du golfe Pélasgique, nommé aussi golfe Pagasétique. C'est dans cette ville que fut fabriqué le navire Argo. — Iolchos (Boritza), au N. E. du même golfe, patrie de Jason, et port d'où partirent les Argonautes pour aller en Colchide à la conquête de la Toison d'or.—Anticyre, *Anticyra*, au N. de l'embouchure du Sperchius dans le golfe *Maliaque* (golfe de Zeitoun), où se trouvait une île nommée aussi Anticyre. Une troisième Anticyre se trouvait en Phocide, et toutes trois produisaient l'*ellébore*, dont on se servait principalement pour purger les fous. — Lamia (Zeitoun), au N. O. d'Anticyre, près du golfe Maliaque, fameuse par la bataille qui se livra dans son voisinage, après la mort d'Alexandre, entre Antipater, gouverneur de Macédoine, et les Grecs. Cette guerre a pris de là le nom de *guerre Lamiaque*. — Au S. de la Thessalie, vers l'Épire et l'Étolie, habitaient les *Dolopes*, peuple célèbre au temps du siége de Troie.

251. II. ACARNANIE. — L'Acarnanie, *Acarnania*, au S. de l'Épire et du golfe d'Ambracie (golfe de l'Arta), avait pour villes principales :

252. Stratos, en ruines, près d'un gué de l'Achéloüs; la plus grande et la plus forte ville de l'Acarnanie, pendant la guerre des Romains contre Persée.

Actium (Azio), fondée par Auguste, près du promontoire du même nom (Punta della Civola), qui s'avance dans le golfe d'Ambracie, où se livra entre Octave et Antoine la fameuse bataille navale qui rendit le premier maître du monde, l'an de Rome 723, avant J.-C. 31.

252. III. ÉTOLIE. — L'Étolie, *Ætolia*, à l'E. de l'Acarnanie, avait pour villes principales :

253. THERMUS (en ruines, près de Vrachori), au centre de l'Étolie, dont elle était la capitale.

CALYDON (en ruines, sous le nom d'Hebræo-Castro), au S., près de la forêt où Méléagre tua le monstrueux sanglier qu'Atalante avait blessé.

255. IV. PHOCIDE. — La PHOCIDE, *Phocis*, à l'E. de l'Étolie, renfermait les *Locrides* et la *Doride*, et avait pour villes principales :

256. 1º Dans la Phocide proprement dite :

PYTHO ou DELPHES, *Delphi* (Castri, en ruines), bâtie à mi-côte du Parnasse ; elle renfermait le temple d'Apollon, où se rendaient les fameux oracles ; à peu de distance se voyait *le chemin qui fourche*, où OEdipe tua son père Laïus.

CYRRHA ou CRISSA, regardée comme le port et l'arsenal de Delphes : elle donnait son nom à une partie du golfe de Corinthe, *Crisseus sinus* (baie de Salona). — ANTICYRA, dont nous avons parlé plus haut (250), sur le golfe de Corinthe.

257. 2º Dans les Locrides, divisées en trois parties, savoir : 1º Le pays des *Locriens Ozoles*, le long du golfe de Corinthe, où se trouvaient NAUPACTE, *Naupactus* (Lépante), sur le golfe de Corinthe ; AMPHISSA (Salona), près de Delphes. — 2º Le pays des *Locriens Épi-Cnémidiens*, au pied du mont *Cnémis*, et dont la principale ville était : THRONIUM, sur un petit fleuve appelé *Boagrius*. — 3º Le pays des *Locriens Opontiens*, le long du golfe d'Oponte, qui tirait son nom de la capitale du pays nommée OPONTE, *Opus*, à peu de distance de la mer, et patrie de Patrocle, ami d'Achille, tué par Hector au siége de Troie.

258. 3º Dans la Doride, petit pays situé au N. des Locriens Ozoles, vers le mont OEta, se trouvaient les quatre petites villes de PINDUS, ERINEUS, BOÏUM et CYTINIUM, qui avaient fait donner à ce canton le nom de *Tetrapolis*.

259. V. BÉOTIE. — La BÉOTIE, *Bœotia*, au S. E. de la Phocide, renfermait le lac *Copaïs* (lac Topolias ou de Livadie), dont les eaux stagnantes rendaient l'air épais et brûmeux : ce qui, disait-on, contribuait à rendre les Béotiens lourds et grossiers ; il s'est pourtant rencontré parmi eux plusieurs grands hommes. — Ses villes remarquables étaient :

260. THÈBES, *Thebæ* (Thiva), fondée par le Phénicien Cadmus, qui bâtit la citadelle appelée Cadmée, *Cadmeia*. Amphion, selon la Fable, éleva les murailles de la ville au son de sa lyre. Elle fut prise et rasée par Alexandre le Grand, qui fit respecter la maison où était né Pindare ; car cette ville était sa patrie, et aussi celle d'Épaminondas et de Pélopidas.

CHÉRONÉE, *Cheronea* (Caprenia ou Capournia), au N. O. de Thèbes ; patrie de Plutarque. Philippe, père d'Alexandre, y remporta sur les Athéniens et les Thébains la célèbre victoire qui asservit la Grèce.

ORCHOMÈNE, *Orchomenus* (Skripou), au N. O. du lac Copaïs, l'une des villes les plus illustres et les plus opulentes de la Grèce ; on y trouvait la fontaine Acidalie, *Acidalius fons*, consacrée à Vénus, et le tombeau d'Hésiode. Çe fut dans ses plaines que Sylla défit Archélaüs, l'un des généraux de Mithridate.

AULIS (Vathi), au N. E. de Thèbes, sur l'Euripe, en face de l'île d'Eubée, avec un port d'où les Grecs partirent pour le siége de Troie. Ce fut là qu'Agamemnon immola sa fille Iphigénie pour obtenir un vent favorable.

261. PLATÉE, *Plateæ* (Cocla), au S. O., sur l'Asopus, célèbre par la destruction complète de l'armée des Perses commandée par Mardonius. Elle fut ruinée par les Thébains cinquante ans après.

LEUCTRES, *Leuctra* (Parapongia), à l'O. de Platée, bourgade fameuse par la victoire qu'Épaminondas, général des Thébains, y remporta sur les Lacédémoniens.

LÉBADÉE, *Lebadea* (Livadie), au S. E. de Chéronée, célèbre par l'oracle et l'antre de *Trophonius*.

THESPIES, *Thespiæ* (près d'Edrimo-Castro), au S. O. de Thèbes, où l'on voyait une statue admirable de Praxitèle, représentant Cupidon. Près de cette ville était la fontaine de Narcisse, *Narcissi fons*, célèbre par l'aventure du jeune homme de ce nom. — ASCRA (Néo-Chorio), petit bourg au pied de l'Hélicon, où fut élevé Hésiode, appelé de là le vieillard d'Ascra ; quelques-uns veulent qu'il y soit né.—TANAGRA (Graïmada), au S. E. de Thèbes ; on y voyait le tombeau de Corinne, qui remporta sur Pindare le prix de poésie, et qui fut surnommée la *dixième Muse*. Le territoire de cette ville et de celle d'*Orope* (Ropo), qui en est voisine, fut souvent un sujet de contestations entre les Béotiens et les Athéniens.

262. VI. ATTIQUE. — L'ATTIQUE, *Attica*, au S. E. de la Béotie, renfermait à l'O. la *Mégaride*, qui s'étendait jusqu'au golfe et à l'isthme de Corinthe. Elle se divisait en trois parties : la *Diacrie*, ou la région montagneuse ; le *Pédion*, ou la plaine ; et la *Paralie*, ou le rivage, subdivisées en un certain nombre de cantons appelés *Dèmes*. — La population de cette fameuse république n'excédait pas deux cent mille individus, dont cent mille esclaves. — Ses villes les plus remarquables étaient :

263. 1° Dans l'Attique :

ATHÈNES, *Athenæ* (qui conserve son nom), vers l'O., capitale, fondée par Cécrops, originaire d'Égypte, environ quinze siècles et demi avant J.-C., au pied des monts Pentélique et Hymette, et entre les deux ruisseaux nommés *Cephissus* et *Ilissus*, qui coulent à l'O. et au S. de la ville. La partie la plus élevée se nommait *Acropolis*, et renfermait le fameux temple de Minerve ou *Parthénon*, bâti sous Périclès. — La ville était jointe par deux *longs murs* à la mer, sur laquelle elle avait trois ports : le *Pirée* (port Lion), qui était le principal ; *Munychie* et *Phalère* (Porto), où était né Démétrius, surnommé *de Phalère*. — Hors d'Athènes étaient les jardins de l'*Académie*, du *Cynosarge* et du *Lycée*, destinés à l'exercice des jeunes gens ou à la promenade.

MARATHON (qui conserve aussi son nom), au N. E. d'Athènes, bourg illustré par la victoire que 10 mille Athéniens, commandés par Miltiade, y remportèrent sur plus de 100 mille Perses, l'an 490 avant J.-C.

ELEUSIS (Lepsina), au N. O. d'Athènes, fort fameux par la fête qui s'y célébrait en l'honneur de Cérès et de Proserpine. On allait s'y faire initier aux mystères. Le chemin qui conduisait d'Athènes à cette ville s'appelait la *Voie sacrée*.

Decelia, au N. E. d'Athènes, vers les sources du Céphissus. — Phylé et Ænoe, forteresses qui défendaient l'entrée de l'Attique, du côté de la Mégaride et de la Béotie. — Anaphlystos, autre forteresse. — Sunium, bourg près du cap de ce nom (cap Colonna), qui terminait l'Attique au S.

264. 2° Dans la Mégaride :

Mégare, *Megara* (Megra), à peu de distance du golfe Saronique, capitale de la Mégaride, qui forma longtemps un État indépendant occupé par les Doriens. Elle fut la patrie du poëte Théognis et des philosophes Euclide et Stilpon.

Nisæa, sur le bord de la mer, était le port de Mégare. Près de là étaient les roches *Scironiennes*, ainsi nommées d'un brigand appelé Sciron qui précipitait les voyageurs dans la mer. Ces rochers sont encore appelés *Kaki-Scala*, la mauvaise échelle ou le mauvais chemin.

PÉLOPONÈSE.

265. Nom et divisions. — On avait donné le nom de Péloponèse, *Peloponnesus*, qui signifie *île de Pélops*, à cette grande presqu'île réunie au reste de la Grèce par l'isthme de Corinthe, et nommée aujourd'hui *Morée*, à cause des mûriers qui y croissent en abondance. — Il renfermait six pays principaux, savoir : l'*Achaïe*, l'*Élide*, l'*Arcadie*, l'*Argolide*, la *Messénie* et la *Laconie*.

266. Montagnes. — Parmi les montagnes du Péloponèse, situées surtout dans l'Arcadie, nous remarquerons l'Érymanthe, *Erymanthus*, dans les forêts duquel Hercule tua le fameux sanglier ; le *Cyllène*, où la Fable fait naître Mercure ; le Ménale, *Mœnalus*, consacré à Pan et aux bergers, et célèbre par la biche aux pieds d'airain, qu'Hercule seul put atteindre ; le Lycée, *Lycœus*, où Pan, Apollon et Jupiter avaient chacun un temple ; le Taygète, *Taygetus* ou *Taygeta* (Panta-Dactylon), consacré à Castor et à Pollux, chaîne dont l'extrémité méridionale forme le promontoire de Ténare, *Tenarium promontorium* (cap Matapan), où se trouvait une caverne si obscure et si profonde, que les poëtes l'ont prise pour un soupirail des enfers : c'était par là, à ce qu'ils prétendaient, qu'Hercule était descendu pour tirer Cerbère du royaume de Pluton.

267. RIVIÈRES.—Les plus remarquables étaient : l'*Asopus*; le *Styx*, dont les poëtes ont fait un fleuve des enfers : ses eaux, extrêmement froides, et si corrosives, qu'aucun vase ne pouvait les contenir, à moins qu'il ne fût de corne de cheval, étaient, selon les Anciens, mortelles aux hommes et aux animaux ; l'Alphée, *Alphœus* (Orphea ou Rouphia) ; l'*Eurotas* (Vasili-Potamo), où les jeunes Spartiates trouvaient de superbes roseaux dont ils faisaient leurs lits, et où les Lacédémoniens plongeaient leurs enfants pour fortifier leur tempérament ; l'*Inachus*, ainsi nommé du premier roi d'Argos.

268. I. ACHAÏE. — L'ACHAÏE, *Achaïa* (partie septentrionale de la Morée), occupait tout le N. du Péloponèse, et comprenait trois petits pays, qui sont, de l'O. à l'E. ; l'*Achaïe* proprement dite, la *Sicyonie* et la *Corinthie*, dont les villes les plus remarquables étaient :

269. 1° Dans l'Achaïe proprement dite :

ÆGIUM (près de Vostitza), ville maritime, près de laquelle était un bois consacré à Jupiter, où se tinrent pendant quelque temps les états généraux de l'Achaïe. C'est dans cette ville que mourut Aratus, chef de la ligue Achéenne.

PÀTRÆ (Patras), sur le golfe de Corinthe, à l'O. d'Ægium. Elle fut repeuplée par Auguste, qui y envoya une colonie romaine. —DYME, c'est-à-dire l'Occidentale, nom qu'elle tirait de sa position à l'O. Elle est aujourd'hui détruite.

270. 2° Dans la Sicyonie, à l'E. de l'Achaïe propre :

SICYONE, *Sicyon* (Vasilica), à peu de distance du golfe de Corinthe, célèbre pour avoir été la capitale du plus ancien royaume de la Grèce ; ses écoles de peinture et de sculpture avaient une grande réputation, et produisirent les sculpteurs Polyclète et Lysippe, et les peintres Pausias et Timanthe. Cette ville vit encore naître Aratus, l'un des plus grands capitaines de l'antiquité.

PHLIONTE, *Phlius* (en ruines, près de Saint-Georges), au S. ; elle formait un État indépendant, et montra beaucoup d'attachement pour les Lacédémoniens.

271. 3° Dans la Corinthie, située en grande partie sur l'isthme :

CORINTHE, *Corinthus*, sur l'isthme, avec deux ports, l'un nommé Léchée, *Lechœum*, sur le golfe de Corinthe ; l'autre nommé Cenchrées, *Cenchreœ*, sur le golfe Saronique. Sa citadelle, nommée *Acro-Corinthe*, était placée sur une montagne élevée d'où sortait la fontaine de *Pirène, Pirene fons*, consacrée aux Muses. Cette ville fut détruite, l'an 146 avant J.-C., par le consul Mummius, qui fit transporter à Rome les nombreux monuments des arts qui y étaient rassemblés ; Jules César la rétablit, et y envoya une colonie romaine.—L'isthme de Corinthe est célèbre par les jeux nommés *Isthmiques*, qui s'y célébraient tous les quatre ans, en l'honneur de Neptune.

272. II. ÉLIDE. — L'ÉLIDE, *Elis*, au N. O. du Péloponèse, comprenait au S. la *Triphylie*, pays très-montagneux : elle avait pour villes principales :

273. 1° Dans l'*Élide* proprement dite :

ÉLIS (Palæopolis), sur le petit fleuve du Pénée, capitale de l'Élide, et l'une des plus considérables du Péloponèse, avec un port nommé *Cyllène* (Chiarentza). Les habitants de cette ville jouissaient du droit de présider aux jeux Olympiques. C'est la patrie de Pyrrhon, chef de la secte des philosophes sceptiques ou pyrrhoniens, qui faisaient profession de douter de tout.

PISE, *Pisa*, détruite ; elle était située sur la rive gauche de l'Alphée, et fut saccagée par les Éléens. C'est à tort que l'on appelle souvent aussi cette ville *Olympia*, Olympie : ce dernier nom était celui d'un territoire situé plus à l'O. (près de Longonico) et consacré à Jupiter Olympien, qui y avait un temple magnifique et une statue de vingt mètres de haut, chef-d'œuvre de Phidias. Les jeux Olympiques, qui s'y célébraient tous les quatre ans, attiraient une multitude innombrable de spectateurs.

2° Dans la *Triphylie*. — SCILLONTE, *Scillus*, village donné par les Lacédémoniens à Xénophon, alors banni d'Athènes ; ce fut là qu'il écrivit son histoire. — LEPRÆUM, petite ville près de l'*Anigrus* (Mavro-Potamo), rivière qu'Hercule fit, dit-on, passer par les écuries d'Augias pour les nettoyer.

274. III. ARCADIE. — L'ARCADIE, *Arcadia*, au centre du Péloponèse, était un pays très-montueux, habité par un peuple qui avait des mœurs très-simples et s'adonnait à la vie pastorale et à la musique. — Ses villes les plus remarquables étaient :

MÉGALOPOLIS ou la Grande Ville (près de Sinano), fondée par le conseil d'Épaminondas, pour servir de boulevard au reste de la Grèce contre les Lacédémoniens. Elle a donné le jour à Philopœmen, célèbre général qui a été appelé le *dernier des Grecs*, et à l'historien Polybe.

MANTINÉE, *Mantinea* (Goritza), célèbre par la victoire qu'y remporta Épaminondas, 363 ans avant J.-C., sur les Lacédémoniens et les Athéniens réunis, et qui lui coûta la vie ; une autre bataille y fut gagnée par Philopœmen, l'an 206 avant J.-C., sur Machanidas, tyran de Sparte.

275. PHENEOS (Phonia), au N. E., consacrée à Mercure. — A peu de distance se trouvait le lac *Stymphale* (lac Zaraca), où Hercule détruisit des oiseaux monstrueux qui se nourrissaient de chair humaine. — PSOPHIS (Palæo-Episcopi), au S. O. de Pheneos, ville assez considérable. — TEGEA, au S. E. On y trouvait un fameux temple de Minerve, qui était un asile inviolable pour tous les criminels de la Grèce ; Pausanias s'y réfugia et y mourut de faim. Cette ville était une des principales de l'Arcadie. — CARYÆ, qui, s'étant liguée avec les Perses contre les Grecs, fut prise par ces derniers, qui en passèrent au fil de l'épée tous les citoyens, et réduisirent-en esclavage les femmes et les filles, qu'ils représentèrent dans leurs monuments par ces figures nommées *caryatides*, placées en forme de colonnes pour soutenir l'édifice : image de leur dure servitude.

276. IV. ARGOLIDE. — L'ARGOLIDE, *Argolis*, au N. E. du Péloponèse, comprenait, outre le royaume d'Argos, celui de *Mycènes*, l'*Épidaurie*, la *Trézénie*, et l'*Hermionide*, dont les villes principales étaient :

277. ARGOS (Argo), sur l'Inachus, capitale du royaume de son nom et de toute l'Argolide, et l'une des villes les plus célèbres du Péloponèse ; déjà puissante au temps de la guerre de Troie, elle est surnommée par Homère *Hippobotos*, c'est-à-dire qui nourrit des chevaux. Elle avait une citadelle très-forte appelée *Larissa*, et pour port *Nauplia* (Napoli de Romanie). Argos vit naître Télésille, femme poëte, qui défendit sa patrie contre les Lacédémoniens ; une autre femme d'Argos tua Pyrrhus, roi d'Épire, au moment où il entrait dans cette ville.

Mycènes, *Mycenæ* (près de Karvathi), au N. E. d'Argos, capitale des États d'Agamemnon, fondée par Persée.—Au N. de cette ville se trouvaient le village de Némée (les Colonnes) et la forêt du même nom, où Hercule tua le lion dont il porta depuis la dépouille, et où se célébraient, tous les trois ans, les jeux *Néméens*, en l'honneur de Jupiter.

Le fameux temple de Junon, nommé *Hereum*, se trouvait à peu de distance d'Argos, dans un vallon où les Argiens célébraient, en l'honneur de cette déesse, les jeux appelés *Héréens*.

Au S. de cette même ville était le lac de Lerne, *Lerna lacus* (lac Molini), célèbre par l'hydre qu'Hercule y tua.

278. Épidaure, *Epidaurus* (Epitavro, en ruines), au S. E. de Mycènes, sur le golfe Saronique, ville principale de l'Épidaurie, célèbre par un temple d'Esculape, que les Épidauriens prétendaient avoir pris naissance chez eux. Ce temple était à quelque distance de la ville, dans un bois fermé par deux montagnes ; on en voit des restes sous le nom d'Hiéro.

Trézène, *Trœzen* (Damala), au S. E. d'Épidaure, près du golfe Saronique ; la principale ville de la Trézénie, remarquable par le séjour de Pythée et par la mort d'Hippolyte, fils de Thésée.—Hermione (près de la ville de Castri), au S. O. de Trézène, sur la mer Égée, la principale ville de l'Hermionide ; sa pourpre passait pour la plus précieuse qu'il y eût au monde.

Au S. de l'Argolide, sur les confins de la Laconie, se trouvait la contrée appelée *Cynurie* ou *canton de Thyrée*, du nom d'une petite ville qui porte aujourd'hui celui d'Astro. Ce pays fut longtemps un objet de contestation entre les Argiens et les Lacédémoniens.

279. V. Messénie. — La Messénie, *Messenia*, au S. O. du Péloponèse, avait pour villes principales :

280. MESSÈNE, en ruines (Mavra-Matia), au centre de la Messénie, dont elle était la capitale ; fondée par Épaminondas, qui l'entoura de bonnes murailles, et commandée par le mont *Ithome*, qui lui servait de forteresse.

PYLOS (Vieux-Navarin ou Zonchio), au S. O. de Messène, sur la mer Ionienne, au pied du mont Égialée. Le sage Nestor y avait fait son séjour, et on y montrait sa maison et son tombeau.

MÉTHONE (Modon), au S. de Pylos, aussi sur la mer Ionienne. — CORONE (Coron), sur le golfe qui porte aujourd'hui son nom, à l'E. de Méthone, fondée par Épaminondas. — STÉNYCLARE, *Stenyclarus* (Nisi, en ruines), au S. E. de Messène, sur le *Pamisus*, séjour de Cresphonte.

281. VI. LACONIE. — La Laconie, *Laconia*, au S. E. du Péloponèse, avait pour villes principales :

282. LACÉDÉMONE ou *Sparte*, *Lacedæmon* ou *Sparta*, située sur les bords de l'*Eurotas* (au lieu même où l'on a reconstruit depuis quelques années la nouvelle *Sparte*, à 3 kilomètres à l'E. de Mistra, qui avait été bâtie de ses débris). Sparte est fameuse pour avoir été la capitale de l'une des plus illustres républiques de la Grèce ; elle dut sa gloire à la mâle éducation et au courage de ses citoyens, qui furent invincibles tant qu'ils suivirent les lois sévères, mais sages, de Lycurgue.

SELLASIE, *Sellasia*, au N. de Sparte, fameuse par la bataille dans laquelle Cléomène, dernier roi de Sparte, fut défait par Antigone, régent de Macédoine. — AMYCLES, *Amyclæ*, détruite (Sclavo Chorio), sur l'Eurotas, au S. de Sparte, célèbre par un temple d'Apollon. — THÉRAPNÉ, aussi sur l'Eurotas. La fameuse Hélène avait été élevée dans cette ville, et y fut enterrée avec Ménélas, son époux. — GYTHIUM (Colokythia), sur le golfe de Laconie, regardée comme le port et l'arsenal de Sparte. C'est là que Tolmide, général athénien, brûla les vaisseaux des Lacédémoniens. — HÉLOS (Tsyli), dans la presqu'île orientale, sur le golfe de Laconie, à peu de distance de l'embouchure de l'Eurotas. Elle fut détruite par les Lacédémoniens, qui en réduisirent tous les habitants au plus dur esclavage sous le nom d'*Ilotes*.

ILES DE LA GRÈCE.

283. Les îles qui dépendent de la Grèce peuvent se diviser ainsi qu'il suit : *Iles du nord de la mer Égée; île d'Eubée et autres îles sur la côte orientale de la Grèce; Cyclades; Sporades; île de Crète et îles de la mer Ionienne.*

284. I. ILES DU NORD DE LA MER ÉGÉE. — On en peut nommer cinq principales, dont les quatre premières, placées vis-à-vis du promontoire *Sepias*, en Thessalie, étaient, de l'O. à l'E. :

SCIATHOS (Skiato), renommée par la délicatesse des mulets que l'on pêchait aux environs; — SCOPELOS (Scopelo); — HALONNÉSOS (Dromo); — PEPARETHOS (Pelagnisi), recommandable par ses vins.

La cinquième, placée au S. E. de celles que nous venons de nommer, était SCYROS (Skiro), la plus grande et la plus célèbre des cinq dont nous parlons, avec une capitale du même nom. Elle est célèbre par la mort de Thésée et par le séjour qu'y fit Achille, déguisé en fille, à la cour du roi Lycomède. C'est là qu'habitaient les *Dolopes*, corsaires qui en furent chassés par Cimon l'Athénien. C'est là enfin que naquit Phérécyde, un des plus anciens philosophes de la Grèce, et maître de Pythagore; il passait pour l'inventeur du cadran solaire.

285. II. ILES SUR LA CÔTE ORIENTALE DE LA GRÈCE. — 1° L'île d'EUBÉE, *Eubœa* (Négrepont), séparée de la Grèce propre par l'Euripe, et dont les habitants sont nommés *Abantes* par Homère, avait pour villes principales :

CHALCIS (Négrepont), sur l'Euripe, en face d'Aulis, qui se trouvait sur le bord opposé, en Béotie. C'était la capitale de l'Eubée, et l'une des plus fortes villes de la Grèce. Aristote y finit ses jours.

ORÉE, *Oreus*, auparavant ISTIÉE, *Istiœa* (Orio), au N., au pied du mont *Telethrius*, sur le canal qui séparait, au N. O., l'Eubée de la Thessalie; c'est le long de ce canal qu'était la côte appelée Rivage d'Artémise, *Artemisium littus*, près duquel la

Botte de Xerxès fut battue par Thémistocle. —ÉRÉTRIE, *Eretria*, (en ruines, sous le nom de Palæo-Castro), ville maritime, au S. E. de Chalcis, et la seconde de l'Eubée. Elle fut détruite par les Perses, qui en emmenèrent les habitants dans la Susiane.—CARYSTE, *Carystus* (Caristo), ville assez considérable, à cause de son port, au S. de l'île, au pied du mont *Ocha*. On trouvait dans ses environs un marbre fort estimé.

286. 2° HELENA ou *Macris*, l'île longue (Macronisi), le long de la côte orientale de l'Attique. On prétendait qu'Hélène y était morte en revenant de Troie.

3° SALAMINE, *Salamis* (Colouri), sur la côte occidentale de l'Attique, au fond du golfe Saronique. C'est là que régnait Télamon, père d'Ajax. Les Athéniens et les Mégariens se disputèrent longtemps cette île, qui demeura enfin aux premiers. Elle est célèbre par le combat naval dans lequel la flotte des Grecs, composée de trois cent quatre-vingts voiles, et commandée par Eurybiade et Thémistocle, détruisit entièrement celle des Perses, forte de douze cents vaisseaux. Salamine est la patrie du poëte tragique Euripide.

4° ÉGINE, *Ægina* (Engia), dans le golfe Saronique, au S. de Salamine. Éaque, l'un des juges des enfers, selon les poëtes, avait régné dans cette île, qui avait pour capitale une ville du même nom. Les Éginètes étaient renommés pour leur habileté dans la marine.

5° HYDREA (Hydra), sur la côte S. E. de l'Argolide.

287. 6° CYTHÈRE, *Cythera* (Cérigo), au S. de la Laconie, avec une capitale du même nom. Cette île était consacrée à Vénus ; mais comme elle n'offre qu'un aspect âpre et pierreux, on dit que la déesse la quitta bientôt pour se retirer en Chypre. Cythère fut longtemps sous la dépendance des Lacédémoniens, qui envoyaient un magistrat pour y rendre la justice aux habitants.

288. III. CYCLADES. — Les Cyclades, groupes d'îles ainsi nommées d'un mot grec qui signifie *cercle*, parce qu'on les croyait rangées en cercle autour de celle de Délos, étaient placées dans la partie méridionale de la mer Égée, entre la

Grèce et l'Asie Mineure. Leur nombre était assez considérable; voici quelles étaient les principales :

289. 1° ANDROS (Andro), au S. E. de l'Eubée et la plus septentrionale des Cyclades, avec une capitale du même nom où se trouvaient un temple de Bacchus et une fontaine de laquelle coulait du vin un certain jour de l'année. — 2° TÉNOS (Tiné), au S. E. d'Andros, consacrée à Neptune. Ce n'est qu'un amas de rochers où l'on découvre quelques endroits fertiles en vin.

3° DÉLOS (Sidili), au S. E. de Ténos, la plus petite et cependant la plus célèbre des Cyclades, parce que l'on croyait que Latone y avait mis au jour Apollon et Diane. Les fêtes que l'on y célébrait tous les ans en l'honneur du dieu y attiraient tous les peuples de la Grèce; son oracle était aussi l'un des plus célèbres et des plus fréquentés. La capitale de cette île portait le même nom et était bâtie au pied du mont *Cynthus*, d'où Apollon tirait son surnom de *Cynthius*. — 4° RHENEA : cette île, voisine de Délos, est aussi comprise par les modernes sous le nom de *Sidili*, qu'ils donnent aux deux îles réunies. Celle-ci était le lieu de sépulture des habitants de Délos, qui auraient cru profaner leur île en y enterrant les morts. — 5° MYCONOS (Myconi), au N. E. de Délos. C'est là que la Fable plaçait les tombeaux des derniers Centaures défaits par Hercule.

6° NAXOS (Naxia), au S. E. de Myconos, la plus grande, la plus agréable et la plus fertile des Cyclades, surtout en excellent vin : aussi était-elle consacrée à Bacchus, qui y avait trouvé Ariane abandonnée par Thésée. Sa capitale, située sur la côte occidentale, portait le même nom. — 7° AMORGOS (Amorgo), au S. E. de Naxos, grande île qui renfermait plusieurs villes.

290. 8° PAROS (Paro), à l'O. de Naxos. Elle était renommée dans l'antiquité par ses beaux marbres blancs. Sa capitale, qui portait le même nom, passait pour la plus puissante ville des Cyclades. C'est la patrie d'Archiloque, poëte satirique, inventeur du vers ïambique. — 9° MÉLOS (Milo), au S. O. de Paros; patrie de Diagoras, qui fut assez insensé pour mer l'existence de Dieu. — 10° SYPHNOS (Siphanto), à l'O. de Paros, célèbre autrefois par ses mines d'or et d'argent dont il ne reste aucune trace, et par les mœurs justement décriées de ses habitants. — 11° SÉRIPHOS (Serpho ou Serphanto), au N. O. de Syphnos. Ce n'est qu'un rocher dont Persée, disait-on, avait pétrifié les habitants en leur montrant la tête de Méduse. Les Romains en faisaient un lieu d'exil. — 12° SYROS (Syra), à l'O. de Délos. — 13° CYTHNOS (Thermia), au S. O. de Syros; renommée autrefois pour ses fromages; elle tire son nom moderne de ses sources d'eau chaude.

14° CÉOS (Zéa), au N. O. de Cythnos, et la plus voisine de l'Attique. On prétend qu'il existait dans cette île une loi qui ordonnait à tous ceux qui parvenaient à l'âge de soixante ans de se faire mourir. Elle renfermait quatre villes, qui formaient autant de républiques particulières; la principale paraît avoir été JULIS, située sur une montagne à 4 kilomètres de la mer, et dont on trouve encore des ruines magnifiques. C'est la patrie de Simonide, philosophe et poëte qui excella surtout dans l'élégie, et de son neveu Bacchylide, poëte lyrique.

201. IV. SPORADES. — Celles des Sporades qui appartenaient à la Grèce, les seules dont nous ayons à parler ici, étaient placées au S. des Cyclades, au nombre desquelles elles sont même rangées par quelques géographes. Les principales étaient :

1° Ios (Nio), au S. O. de Naxos; célèbre par la mort d'Homère. — 2° THÉRA (Santorin), au S. E. d'Ios. Cette île, et plusieurs autres petites qui en sont voisines, paraissent avoir été formées par un volcan qui existe encore. Elle était autrefois fertile et puissante, comme l'atteste le nom de *Callisté*, très-belle, qu'elle portait d'abord; mais les tremblements de terre l'ont rendue stérile et peu habitée. — 3° ASTYPALÆA (Stampalie), au N. E. de Théra. Elle fut appelée la table des dieux, à cause de ses nombreux vergers. Ses habitants révéraient Achille comme une divinité.

292. V. CRÈTE. — L'île de CRÈTE, *Creta* (Candie), est fameuse dans l'antiquité par la naissance de Jupiter, qui y fut élevé secrètement sur le mont *Ida* (monte Giove) par les *Dactyles* ou *Corybantes*, par ses cent villes et par son roi Minos, qui régna sur presque toutes les îles de la mer Égée, et à qui son gouvernement sage et ses lois équitables valurent d'être placé par les Grecs dans les enfers avec son frère Rhadamante et avec Éaque, roi d'Égine, pour y juger les âmes des morts. Elle avait pour villes principales :

293. CNOSSE, *Cnossus*, dont on trouve les ruines près d'un couvent grec appelé Énadiéh. C'était la ville la plus importante de l'île et la capitale du roi Minos.

GORTYNE, *Gortyna*, au S. O. de Gnosse, sur un petit fleuve nommé *Lethæus*, qui se jette dans la mer de Libye. Cette ville fut très-puissante, et les ruines que l'on en trouve (près d'un village nommé Novi-Castelli), prouvent encore quelle a dû être sa magnificence. Il paraît que c'était près de là qu'était le fameux *Labyrinthe*, que l'on croit retrouver dans une carrière du mont Ida.

CYDONIE, *Cydonia*, au N. E. de l'île, près de la côte, l'une des villes les plus considérables de la Crète, fondée, dit-on, par les Samiens. Elle avait un port nommé *Minoa*, qui pouvait contenir un grand nombre de vaisseaux (on croit que ce port est aujourd'hui celui de la Canée).

294. VI. ILES DE LA MER IONIENNE. — Ces îles, situées sur la côte occidentale de la Grèce, étaient, en commençant par le S. :

1° SPHACTÉRIE, *Sphacteria* ou *Sphagia*, sur la côte de la Messénie, en face de Pylos. Les Athéniens y enfermèrent les meilleures troupes des Lacédémoniens, qui furent obligées de se rendre.

2° LES STROPHADES, *Strophades insulæ* (îles de Strivali), petit groupe d'îles au N. O. de Sphactérie, vis-à-vis de la côte de Triphylie. On disait que les Harpies s'y étaient arrêtées.

295. 3° ZACYNTHE, *Zacynthus* (Zante), au N. des Strophades, sur la côte de l'Élide. Cette île, quoique couverte de forêts, était fertile et avait une capitale du même nom, sur la côte orientale. Elle paraît avoir fait partie des États d'Ulysse.

296. 4° CÉPHALÉNIE, *Cephalenia* (Cefalonia), au N. de Zacynthe, vis-à-vis de l'entrée du golfe de Corinthe. Cette île, qui s'appelait *Samé* ou *Samos*, au temps de la guerre de Troie, faisait aussi partie des États d'Ulysse. Elle est entre-coupée de montagnes, et avait pour capitale SAMÉ, située au fond d'un golfe, vers le centre ; elle fut prise et détruite par le consul Fulvius, qui en vendit les habitants comme esclaves.

5° ITHAQUE, *Ithaca* (Theaki), séparée de Céphalénie par un canal assez étroit. Elle est fameuse pour avoir été la patrie et le patrimoine d'Ulysse, qui, outre les îles dont nous venons de parler, possédait encore une partie du continent de l'Acarnanie. — Les ÉCHINADES (auj. *Parachéloïdes*), situées vis-à-vis de l'embouchure du fleuve *Achéloüs*, et dont la plus importante paraît avoir été celle de *Dulichium*, formaient aussi un royaume au temps de la guerre de Troie. — Au S. de ces dernières se trouvent les îles OXIENNES ou Pointues, *Oxiæ Insulæ* (les îles Curzolari).

6° LEUCADIE, *Leucadia* ou *Leucas*, auparavant *Neritos* (Sainte-Maure), au N. d'Ithaque ; c'était originairement une presqu'île qui faisait partie de l'Acarnanie. Une colonie de Corinthiens qui vint s'y établir coupa l'isthme et en forma ainsi une île. Sa capitale était LEUCAS (Sainte-Maure), bâtie par les Corinthiens sur le canal qui séparait l'île du continent, large de cinquante pas, et sur lequel on avait construit un pont de bois. Cette ville, qui devint très-florissante, fut la capitale des Acarnaniens.

A l'extrémité S. O. de l'île se trouvait le promontoire de Leucate, *Leucate promontorium* (cap Ducato), rocher qui s'avançait dans la mer, et d'où les amants malheureux se précipitaient, afin d'oublier, disait-on, la cause de leurs peines. Cette chute s'appelait le *saut de Leucade*.

297. 7° CORCYRE, *Corcyra* (Corfou), sur la côte occidentale de l'Épire. Cette île est appelée *île des Phéaciens* par Homère, qui y place les jardins délicieux d'Alcinoüs, qui reçut favorablement Ulysse, lorsqu'il eut fait naufrage sur ses côtes. Elle avait pour capitale : CORCYRE, *Corcyra* (Corfou), dans une péninsule de la côte orientale ; elle est appelée par Homère la ville des Phéaciens, et elle devint assez puissante pour soutenir des guerres contre des républiques considérables. L'emplacement de Corfou est un peu différent de celui de Corcyre, auquel on donne aujourd'hui le nom de *Palæopoli* (vieille ville). — CASSIOPE était une autre ville maritime plus au N. de l'île.

On trouvait aux environs de Corcyre plusieurs autres petites îles, savoir : — 8º OTHONOS ou CALYPSUS, au N. de Corcyre ; — 9º MATHACE (Samotraki), à l'occident ; — 10º les îles PAXIES, *Paxiæ* (île de Paxo), au S. E.

ASIE.

298. Bornes. — L'Asie ancienne était bornée à l'O. par le Tanaïs, le Palus-Méotide, le Bosphore Cimmérien, le Pont-Euxin, le Bosphore de Thrace, la Propontide, l'Hellespont, la mer Intérieure, le Nil, et le golfe Arabique ; au S. par la mer Intérieure et l'Océan Indien. Ses bornes à l'E. et au N. n'étaient pas connues des Anciens.

299. Divisions. — L'Asie ancienne renfermait vingt-cinq contrées principales, savoir : l'*Asie Mineure*, la *Syrie*, la *Phénicie*, la *Palestine* et l'*Arabie*, à l'O.; la *Colchide*, l'*Arménie*, la *Mésopotamie*, l'*Assyrie*, la *Babylonie*, la *Médie*, la *Susiane*, la *Perse*, la *Carmanie*, l'*Hyrcanie*, l'*Arie*, la *Drangiane*, l'*Arachosie*, la *Gédrosie*, la *Sogdiane* et la *Bactriane*, au centre ; la *Sarmatie* et la *Scythie*, au N.; l'*Inde* et le pays des *Sines*, à l'E.

ASIE MINEURE.*

300. Bornes, Fleuves et Divisions. — L'ancienne Asie Mineure comprenait toute la presqu'île nommée aujourd'hui Anatolie, bornée à l'E. par l'Euphrate et par le mont Amanus, l'une des branches du Taurus, qui la séparait de l'Arménie et de la Syrie. — Elle était arrosée par un grand nombre de rivières, dont les principales étaient : l'*Halys* (Kizil-Ermak, ou le fleuve Rouge), le plus grand de toute la contrée, célèbre par la défaite de Crésus ; le *Sangarius* (Sakaria) ; l'*Hermus* (Sarabat), qui roulait des paillettes d'or, et qui arrosait des plaines extrêmement fertiles ; le Méandre, *Mœander* (Minder), dont les détours sont fameux chez les poëtes, quoique son cours soit moins tortueux que celui de plusieurs autres rivières. — L'Asie Mineure se composait de douze provinces, dont trois à l'O., qui sont : la *Mysie*, la *Lydie* et la *Carie*, renfermant la *Troade*, et les colonies grecques *Éoliennes*, *Ioniennes* et *Doriennes*, répandues sur toute la côte de la mer Égée ; trois au N.: la *Bithynie*, la *Paphlagonie* et le *Pont ;* trois au centre : la *Phrygie* avec la *Lycaonie*, la *Galatie*, la *Cappadoce ;* trois au S.: la *Lycie*, la *Pamphylie*, avec la *Pisidie* et l'*Isaurie;* enfin la *Cilicie*. Nous allons les décrire successivement : nous parlerons ensuite des *Iles*.

PROVINCES DE L'OUEST.

301. I. Mysie. — La Mysie, *Mysia* (Anatolie), située au N. O. de l'Asie Mineure, comprenait la *Troade* à l'O., la *Petite Mysie* au N., la *Grande Mysie* au centre, et l'*Éolide* au S. — Elle était traversée par la chaîne du mont *Ida*, fameux dans la mythologie par le jugement de Pâris. — Parmi les fleu-

---

* Consultez pour ce pays et les suivants, dans mon *Atlas à l'usage des colléges*, les cartes de la Grèce, de l'Empire des Perses et de l'Empire d'Alexandre.

ves qui l'arrosaient, on remarquait le *Rhyndacus* (Lartacho), sur les bords duquel l'armée de Mithridate fut taillée en pièces par celle de Lucullus ; le Granique, *Granicus* (Outs-vola), célèbre par la première victoire qu'Alexandre remporta en Asie sur les Perses ; le Xanthe ou Scamandre, *Xanthus* ou *Scamander* (Gheumbrek-tchaï), et le *Simoïs* (Mendéré-sou), petits ruisseaux de la Troade, rendus fameux par les poëmes d'Homère. — Ses villes principales étaient :

302. 1° Dans la Troade, qui s'étendait sur la côte de la mer Égée et de l'Hellespont.

TROIE ou ILION, *Troja* ou *Ilium* (près de Tchiblack), dé-truite par les Grecs 1270 ans avant J.-C., rebâtie d'abord plus près du rivage sous le nom d'*Ilium novum* (Palæo-Califatli), puis à 23 kilomètres plus au S., sous celui d'*Alexandria Troas* (Eski-Stamboul), vieille ville).

ANTANDROS, au S. E. de Troie, sur le golfe d'Adramyttium. C'est de son port que partit, suivant Virgile, la flotte d'Énée. Elle conserve aujourd'hui le même nom. — ABYDOS (Nagara), au N. E. de Troie, sur l'Hellespont, célèbre par l'histoire d'Héro et de Léandre, et par sa belle résistance contre Philippe, père de Persée. — Au N. E de Troie était le cap Sigée, *Sigæum promontorium* (Iegni-Hissari), qui formait l'entrée de l'Hellespont, et sur lequel on voyait les tombeaux d'Achille et de Patrocle.

303. 2° Dans la Petite Mysie, dont une partie, située vis-à-vis de l'île de Cyzique, s'appelait *Dolionis* :

LAMPSAQUE, *Lampsacus* (Tcherdach), sur l'Hellespont, patrie du philosophe Anaximène, qui la sauva, par un dé-tour ingénieux, de la colère d'Alexandre, dont il avait été le précepteur.

CYZIQUE, *Cyzicus* (Zisick), dans une île au S. de la Propontide, aujourd'hui réunie au continent.

304. 3° Dans la Grande Mysie, qui renfermait au S. O. le pays des Ciliciens, surnommés *Mandacadeni*, qui habitaient autour du golfe d'Adramyttium, et au S. E., l'*Abrettena*, pays consacré à Jupiter :

PERGAME, *Pergamus* (Bergamo), au S. O., près du Caïcus (Girmasti), capitale d'un royaume assez florissant, légué aux

Romains par Attale III, son dernier roi. Elle est célèbre par un fameux temple d'Esculape, par sa belle bibliothèque, et par la naissance du médecin Galien.

Élée, *Elæa* (Jalea), sur le golfe Élaïtique, regardée comme le port de Pergame. — LYRNESSE, *Lyrnessus*, détruite, au N. E. ; capitale de la partie S. de la Cilicie, nommé Cilicie Lyrnessienne, et patrie de Briséis, captive d'Achille. — ADRAMYTTIUM (Édrémit), près de l'*Evénus*, qui se jette dans le golfe auquel elle donne son nom. — THÈBE, détruite au N., capitale de la partie N. de la Cilicie, nommée Cilicie Thébaïque. — SCEPSIS, au N. O., qui possédait de belles bibliothèques.

305. 4° Dans l'Éolide, qui devait son nom à des Éoliens venus de la Grèce :

CUME, *Cuma* ou *Cyme* (aujourd'hui détruite), située au fond du golfe qui portait son nom (golfe de Sandarli), fameuse par sa sibylle, la plus célèbre de toutes ; patrie d'Hésiode, qui fut élevé à *Ascra*, en Béotie, et l'une des sept villes qui se disputaient l'honneur d'avoir donné naissance à Homère.

306. II. LYDIE. — La LYDIE, *Lydia* (Anatolie), au S. de la Mysie et de l'Éolide, avait toute sa côte occidentale occupée par des colonies Ioniennes, qui firent donner à cette partie le nom d'*Ionie*.—Elle renfermait le mont Mycale, *Mycalus mons* (Samsoun), fameux par le combat naval qui se livra vis-à-vis, et dans lequel la flotte des Grecs défit entièrement celle des Perses, le même jour où leurs troupes de terre défirent Mardonius à Platée ; le mont Sipyle, *Sipylus mons*, sur lequel régna Tantale, et où Niobé, selon les poëtes, fut changée en rocher ; le mont *Tmolus* (Bouz-dagh, ou Montagne froide), fort élevé et néanmoins fertile en excellents vins et en safran, et sur lequel Apollon, selon Ovide, donna des oreilles d'âne à Midas, roi de Phrygie. — Elle était arrosée par le Pactole, *Pactolus*, qui se jette dans l'*Hermus*, et fameux par le sable d'or qu'il roula dans ses eaux quand Midas s'y fut baigné, et par le Caïstre, *Caïstrus* (Karasou), célèbre par ses cygnes.

Ses villes principales étaient :

307. 1° Dans l'Ionie :

Phocée, *Phocæa* (Foilleri), sur le golfe de Cume, dont une colonie fonda Marseille, 600 ans avant J.-C.

Smyrne, *Smyrna* (Ismir), au fond d'un grand golfe qui porte son nom ; patrie du poëte bucolique Bion, et la plus belle ville de l'Asie. A peu de distance coulait un petit fleuve nommé *Mélès*, sur les bords duquel Homère, disait-on, avait reçu le jour : d'où lui venait le nom de *Méléisgène*, qu'il porta d'abord.

Éphèse, *Ephesus* (Aïa-Solouk), près de l'embouchure du Caïstre, fondée, disait-on, par les Amazones, et longtemps regardée comme la capitale de l'Asie proprement dite ; fameuse par son temple de Diane, et par la naissance des peintres Apelles et Parrhasius, du philosophe Héraclite et du poëte lyrique Hipponax.

308. Clazomène, *Clazomenæ* (Vourla), sur la côte N. d'une grande presqu'île du même nom ; patrie du philosophe Anaxagore. — Erythræ (Érétri), à l'O. de la même presqu'île ; fameuse par sa sibylle. — Téos (Boudroun), au S. E. de la même presqu'île ; patrie du poëte Anacréon et du philosophe Apellicon. — Lébédos, ville maritime, aujourd'hui ruinée, où se célébraient tous les ans des jeux en l'honneur de Bacchus. — Colophon (Zillé), sur la mer, célèbre par un oracle d'Apollon, et patrie du philosophe Xénophanes et de Mimnerme, poëte et musicien ; elle prétendait aussi à l'honneur d'avoir donné naissance à Homère. — Panionium, village près de la côte, avec un bois sacré où se réunissaient, tous les ans, les députés des douze villes d'Ionie, pour faire des sacrifices en commun. Priène (Samsoun), au S. E. de Panionium, sur une petite rivière qui se jette dans le Méandre, à peu de distance de son embouchure ; patrie de Bias, l'un des sept sages.

309. 2° Dans la Lydie :

Magnésie du Sipyle, *Magnesia Sipyli* (Magnisa), près du mont *Sipylus*, d'où l'on tira, dit-on, le premier aimant, appelé de là *Magnes*. C'est dans les environs de cette ville que le roi de Syrie, Antiochus le Grand, fut battu par les Romains.

Sardes (Sart), près du Pactole et du mont Tmolus ; capitale du riche et puissant empire de Crésus.

Magnésie, *Magnesia* (Guzel-Hissar). Cette ville, qu'il ne faut pas confondre avec celle que nous venons de nommer, était située sur le *Méandre*, et fut donnée par Artaxerxès roi de Perse à Thémistocle pour son entretien. — Sur la rive droite de l'Hermus se trouve un petit lac appelé GIGÉE, *Gigæus*, près duquel on voit encore les tombeaux des anciens rois de Lydie. Le pays aux environs de ce lac avait pris le nom d'HYRCANIE, *Hyrcania*, d'une colonie d'Hyrcaniens transplantés par les Perses des bords de la mer Caspienne.

310. III. CARIE. — La CARIE, *Caria* (Anatolie), située au S. de l'Ionie et de la Lydie, comprenait au S. O. la *Doride*. — Elle renfermait le mont *Latmos*, près de Milet, célèbre dans la mythologie, qui rapporte que Diane y venait visiter Endymion. — Ses villes les plus remarquables étaient :

311. 1° Dans la Carie :

MILET, *Miletus* (Palatcha), colonie Ionienne, à l'entrée du golfe Latmique, célèbre par ses laines, par sa puissance maritime, par son commerce et par ses nombreuses colonies, et patrie de Thalès, l'un des sept sages; d'Anaximandre, qui fit voir à la Grèce les premières cartes géographiques, et du philosophe Anaximène, son disciple.

HALICARNASSE, *Halicarnassus* (Boudroun, château), sur le golfe Céramique, qui tirait son nom de la petite ville de *Ceramus*. Halicarnasse, après avoir fait partie de la Doride, devint la capitale du royaume de Mausole, auquel Artémise, son épouse, fit élever ce superbe mausolée mis au nombre des sept merveilles du monde. Cette ville fut la patrie des historiens Hérodote et Denys, surnommé *d'Halicarnasse*.

IASSUS (Assyn-Kalési), au S. E. de Milet, au fond d'un golfe auquel elle donne son nom. — CAUNUS (Quingi), sur le golfe Glaucus, patrie du peintre Protogène; elle formait une république particulière. L'air y était fort malsain. — ALABANDA (Arab-Hissar), au N. de la Carie, grande ville dont les habitants étaient très-voluptueux. — Près de Milet, sur le cap *Posidium*, était un temple d'Apollon desservi par des prêtres qu'on appelait *Branchides*, et qui rendaient des oracles fort célèbres dans le pays; on trouve de belles ruines de ce temple dans un endroit nommé Iotan.

312. 2° Dans la Doride, dont les villes, d'abord au nombre de six, furent réduites à cinq, quand Halicarnasse se fut retirée de la confédération.

CNIDE, *Cnidos* (Porto-Genovese, Port-Génois), au fond de la presqu'île formée par le golfe Céramique et le golfe de Doride ; célèbre par la statue de Vénus, ouvrage de Praxitèle. Elle a donné le jour à Ctésias, médecin et historien, et à l'astronome Eudoxe.

Les quatre autres villes de la Doride étaient dans les îles de Cos et de Rhodes, dont nous parlerons bientôt (**343**).

PROVINCES DU NORD.

313. IV. BITHYNIE. — La BITHYNIE, *Bithynia* (Anatolie), à l'E. du Bosphore de Thrace, de la Propontide et de la Mysie, forma un royaume que Nicomède III, son dernier roi, légua aux Romains. — La partie S. O., qui renfermait le mont Olympe, *Olympus*, l'une des plus hautes montagnes de l'Asie Mineure, portait le nom d'*Olympena*. — Ses villes principales étaient :

314. CHALCÉDOINE, *Chalcedon* (Cadikeuei, village du cadi), à l'entrée du Bosphore de Thrace, du côté de la Propontide ; elle était appelée par dérision la *ville des Aveugles*, parce que les Mégariens, ses fondateurs, ne s'étaient pas aperçus qu'ils pouvaient choisir une position beaucoup plus avantageuse de l'autre côté du détroit, dans l'endroit où fut depuis Byzance : c'est la patrie du philosophe Xénocrate.

NICOMÉDIE, *Nicomedia*, auparavant *Olbia* (Smid ou Is-Nikmid), port au fond du golfe Astacène, *Astacenus sinus* : capitale du roi Prusias, auprès duquel s'était réfugié Annibal, et dans la suite, résidence du gouverneur romain. Elle vit naître Arrien, célèbre philosophe et historien grec.

NICÉE, *Nicæa*, auparavant *Antigonia* (Isnik), sur les bords du lac *Ascanius*, au S. de Nicomédie, célèbre par la naissance de l'astronome Hipparque, et par le *premier concile général*, qui y fut tenu sous Constantin, l'an de J.-C. 325.

PRUSE, *Prusa* (Brousse), au N. E. de Nicée, capitale de l'*Olympena* ; elle le fut aussi de l'empire des Turcs, depuis 1327 jusqu'après la prise de Constantinople.

LIPYSSA (Gébissé), à l'entrée du golfe Astacène, au N. On

voyait le tombeau d'Annibal, qui s'y empoisonna pour ne pas tomber entre les mains des Romains. — HÉRACLÉE sur le Pont, *Heraclea Pontica* (Érékli), ville très-florissante, sur la côte du Pont-Euxin ; elle était consacrée à Hercule, qui y avait une statue, dont la massue, le carquois et la peau de Lion étaient d'or ; au N. de cette ville était la Chersonèse Achérusienne, *Acherusia Chersonesus*, où se trouvait un antre par lequel on disait qu'Hercule était descendu aux enfers.

315. V. PAPHLAGONIE. — La PAPHLAGONIE, *Paphlago- nia* (Anatolie), à l'E. de la Bithynie, était traversée par la chaîne du *Cytorus* (Kudro), fameux par le buis dont il était couvert, et qui se termine sur la côte du Pont-Euxin par un cap fort élevé, nommé *Carambis* (Kérempéh), vis-à-vis du cap *Criou Metopon* (Karadjé-Bouroun), dans la Chersonèse Taurique (Crimée). — Ses villes principales étaient :

316. SESAMUS, ensuite *Amastris* (Amasah), sur le Pont- Euxin. Elle tira son second nom d'une princesse de la famille des rois de Perse, épouse de Cratère, qui l'augmenta.

SINOPE (qui conserve son nom), à l'E., sur le Pont-Euxin, ville très-puissante, où naquit et résida Mithridate ; elle est aussi la patrie de Diogène le Cynique.

317. VI. PONT. — Le PONT, *Pontus* (pays de Roum), qui tirait son nom du Pont-Euxin, le long duquel il s'étendait, était arrosé par le *Thermodon*, sur les bords duquel avaient, disait-on, habité les Amazones, dans la riche plaine de *Thé- miscyre*. — Ses villes les plus remarquables étaient :

318. AMISUS (Samsoun), au N. O., grande ville qui donna son nom au golfe sur lequel elle était située.

ZELA (Ziléh), au S. d'Amisus, près de laquelle Mithridate battit les Romains, et où César vengea, vingt ans après, l'affront reçu par le nom romain, en remportant sur Pharnace, fils de ce même Mithridate, une victoire dont il rendit compte par ces trois mots : *Veni, vidi, vici.*

TRÉBIZONDE, *Trapezus* (Trébizonde ou Tarabesoun), grande ville grecque, où les *Dix mille* séjournèrent dans leur retraite. Elle devint, au moyen âge, la capitale d'un em- pire qui survécut quelque temps à celui de Constantinople.

Amasée, *Amsea*, sur l'Iris (Iéchil-Ermak), patrie du géographe Strabon.

Comane Pontique, *Comana Pontica* (auj. Goumenik près de Tokat), au N. E. de Zéla, sur l'Iris, célèbre par un temple de Bellone, dont le pontife était regardé comme le chef suprême de la ville et du territoire.

Cotyora (Boujouk-Kaléh), sur le Pont-Euxin. C'est là que s'embarquèrent les *Dix mille* après leur retraite.

Cérasonte, *Cerasus* (Kirizonto), d'où Lucullus apporta, dit-on, le cerisier en Europe ; près de la côte du Pont-Euxin.

Provinces du Centre.

319. VII. Phrygie. — La Phrygie, *Phrygia* (Anatolie et Caramanie), à l'E. de la Mysie, de la Lydie et de la Carie, portait le nom de *Grande Phrygie*, pour la distinguer de la *Petite*, qui était composée de la Troade, du N. de la Mysie, de toute la Bithynie, et d'une grande portion de la Galatie. — La partie qui avoisinait la Lydie était appelée *Katakékauméné* ou la Brûlée, parce qu'elle était ébranlée par des tremblements de terre ; celle qui touchait la Bithynie portait le nom d'*Épictète* ou Ajoutée, parce qu'elle avait été démembrée de la Bithynie. — La Phrygie contenait en outre, au S. O., la *Lycaonie*, qui en a longtemps fait partie. — Ses villes principales étaient :

320. 1° Dans la Phrygie :

Laodicée, *Laodicea*, surnommée *Diospolis* (Ladik ou Eski-Hissar, vieux château), au S. O. ; résidence du gouverneur romain.

Apamée, *Apamea*, surnommée *Cibotos* (Aphom Kara-Hissar, château noir de l'Opium), sur la petite rivière *Marsyas* (Dinglar), capitale de la province sous les successeurs d'Alexandre.

Célènes, *Celenæ*, détruite, à l'E. d'Apamée, fut longtemps la capitale de la Phrygie ; elle vit naître le musicien Marsyas, inventeur de la flûte, dont la Fable a fait un satyre qui défia Apollon.

Cibyra (Buraz), au S., vers la Lycie ; ville très-puissante, qui formait une république indépendante.

Midaium, près du *Sangarius*, dans laquelle Sextus Pompée fut arrêté par le parti d'Antoine. — Synnada, vers la frontière de la Galatie ; on trouvait dans ses environs un marbre fort estimé. — Ipsus, au S. E. de Synnada, bourg célèbre par la sanglante bataille livrée l'an 301 avant J. C., entre les successeurs d'Alexandre, et dans laquelle Antigone fut tué. — Tymbrée, *Tymbrium*, au S. E. d'Ipsus, où Cyrus et Crésus se livrèrent, à ce qu'il paraît, la fameuse bataille qui décida du sort de l'empire des Lydiens.

321. 2° Dans la Lycaonie :

Iconium (Koniéh), au N. O., capitale ;

Laranda (Larandéh), au S.

322. VIII. Galatie. — La Galatie, *Galatia* (Anatolie et Caramanie), au S. de la Bithynie et de la Paphlagonie, tirait son nom des Gaulois ou Galates faisant partie de l'expédition de Brennus qui vinrent s'y établir. Ils formaient trois peuples différents, savoir : les *Tolistobojes*, à l'O. ; les *Tectosages* (92), au milieu, et les *Trocmes*, à l'E., et avaient pour villes principales :

323. Pessinonte, *Pessinus* (Nalikan), à l'O., sur le Sangarius, capitale des Tolistobojes, et célèbre par le culte de Cybèle.

Gordium, au N. E. de Pessinonte ; Alexandre y trancha le nœud gordien.

Amorium, au S., sur le Sangarius, patrie d'Ésope.

Ancyre, *Ancyra* (Angodra), au centre, capitale des Tectosages ; c'est à ses habitants que saint Paul adressa ses épîtres connues sous le nom d'*épîtres aux Galates*.

324. Tavium (Tchouroum), capitale des Trocmes.

Gangra (Kiangari), prise sur la Paphlagonie, et séjour du roi Déjotarus défendu par Cicéron.

325. IX. Cappadoce. — La Cappadoce, *Cappadocia* (pays de Roum et Caramanie), au S. de la Galatie et du Pont, renfermait la *Petite Arménie*, à l'E., et la *Cataonie*, au S. — On y trouvait le mont Argée, *Argæus mons*, toujours couvert de neige, et du sommet duquel on découvre, dit-on, le Pont-Euxin et la Méditerranée. Ses villes principales étaient :

326. 1° Dans la Cappadoce propre :

MAZACA ou *Cæsarea ad Argæum* (Kaïsariéh), au pied du mont Argée ; capitale de toute la Cappadoce, et patrie de saint Basile, l'un des Pères de l'Église.

CYBISTRA (Bustéré), au S. de Mazaca. Cicéron y campa dans le temps qu'il commandait en Cilicie. — NORA (Bour), au S. E. de Cybistra, château dans lequel Eumène soutint un siége d'un an contre Antigone. — NAZIANZE, *Nazianzus*, détruite, au S. E. de Nora. Dans ses environs naquit saint Grégoire, surnommé *de Nazianze.* — ARCHELAIS (Érékli), au N. O. de Nazianze, colonie romaine, où fut tué l'empereur Macrin.

327. 2° Dans la Petite Arménie :

NICOPOLIS ou TEPHRIS (Divriki), au N., fondée par Pompée, dans le lieu même où il avait vaincu Mithridate.

SATALA (Erz-Inghian), la dernière ville de la Petite Arménie, sur l'Euphrate : elle était gardée par une légion romaine.

MÉLITÈNE (Malatia), près du *Mélas* (Cara-sou), fondée par Trajan. C'est là qu'était le quartier de la *légion foudroyante.* — NOVUS (Hessen-Now ou Kodj-Hissar), au pied des monts *Paryadres,* sur la frontière du Pont, château fort dans lequel Mithridate avait renfermé ses trésors et qui fut pris par Pompée.

328. 3° Dans la Cataonie :

COMANE DE CAPPADOCE, *Comana Cappadociæ* (El-Bostan), sur le Sarus, célèbre par un temple de Bellone.

TYANE, *Tyana* (peut-être Nikdé), au S. O. de Comane et au pied du mont Taurus, près des *Portes Ciliciennes,* défilé qui donne entrée en Cilicie. Cette ville est la patrie d'Apollonius, fameux imposteur.

CUCUSE, *Cucusus*, au S. E., dans une gorge du Taurus, illustré par l'exil de saint Chrysostôme.

PROVINCES DU SUD.

329. X. LYCIE. — La LYCIE, *Lycia* (Anatolie), au S. de la Phrygie, renfermait vingt-trois villes, qui formaient une république fédérative, dont la constitution était si sage, que Montesquieu la cite comme un modèle. — Au S. O. de ce pays était le mont *Cragus*, qui renfermait la *Chimère*, volcan dont le sommet était occupé par des lions, le milieu par des chèvres sauvages, et le bas par des serpents : ce qui donna lieu à la fable de la Chimère domptée par Bellérophon. — Ses villes remarquables étaient :

330. TELMISSUS (en ruines, près de Macri), à l'O., sur le golfe *Glaucus*, que l'on nommait aussi golfe de Telmissus. Cette ville était toute peuplée de devins.

XANTHUS (Eksénidé), au S. E. de Telmissus, capitale de tout le pays ; ses habitants, assiégés par Brutus, meurtrier de César, aimèrent mieux se précipiter dans les flammes avec leurs femmes et leurs enfants que de se rendre au vainqueur.

PATARA (Patéra), au S. O. de Xanthus, sur la mer, avec un fameux temple d'Apollon, qui y rendait ses oracles pendant l'hiver ; l'été, il les rendait à Délos.— PHAZÉLIS (Fionda), à l'E., occupée par des corsaires qui inventèrent le *Phazelus*, petit bâtiment qui allait à la voile et à la rame. — Au N. E. de cette ville se trouve un défilé qui donne entrée dans la Pamphylie, mais tellement resserré entre la mer et une des croupes du Taurus, nommé *Climax* ou *l'Échelle*, que l'armée d'Alexandre ne put le passer qu'en entrant dans l'eau jusqu'à la ceinture.

331. XI. PAMPHYLIE. — La PAMPHYLIE, *Pamphylia* (Anatolie et Caramanie), au S. de la Phrygie, renfermait la *Pisidie* et l'*Isaurie*, pays peu considérables, dans les montagnes qui forment la chaîne du Taurus. — Parmi les rivières qui l'arrosaient, nous citerons : l'*Eurymédon* (Ménougat), vers l'embouchure duquel Cimon, général athénien, remporta le même jour deux victoires sur les Perses, l'une sur terre, l'autre sur mer. — Ses villes principales étaient :

1° Dans la Pamphylie :

332. PERGA (probablement Kara-Hissar), sur le fleuve *Cestrus* (Kapri), capitale de la province.

333. SIDE (près de Sataliadan), qui devint à son tour capitale de la Pamphylie : elle avait un port qui servait d'entrepôt aux pirates de la Cilicie.

2° Dans la Pisidie :

334. TERMESSUS (Estenaz), au S. O.; principale ville des *Solymes*, dont parle Homère, de la petite contrée appelée *Cabalia*.

CREMNA (Kébrinaz), au S. O., place forte où les Romains établirent une colonie.

335. SELGA, détruite, au centre de la Pisidie, dont elle était la plus grande ville, pouvant mettre sur pied 20 mille hommes.

336. 3° Dans l'Isaurie :

ISAURA (Bei-Shehri), plusieurs fois détruite.

337. XII. CILICIE. — La CILICIE, *Cilicia* (Caramanie et pays d'Itchil), au S. du Taurus, qui la séparait de la Cappadoce, se divisait en Cilicie *Trachée* ou Montagneuse, à l'O., et Cilicie de Plaines, *Campestris*, à l'E. La première porta aussi dans la suite le nom d'Isaurie ; elle était le repaire des pirates que Pompée attaqua jusque dans leurs ports, et dont il purgea la Méditerranée.—On remarquait, parmi les rivières qui l'arrosaient, le Cydne, *Cydnus*, fameux par la fraîcheur de ses eaux qui furent funestes à Alexandre, qui s'y baigna couvert de sueur. — Ses villes principales étaient :

338. 1° Dans la Cilicie Trachée :

SÉLINONTE, *Selinus* (Sélenti), à l'embouchure du fleuve du même nom. L'empereur Trajan y mourut; ce qui lui fit donner le nom de *Trajanopolis*.

SÉLEUCIE TRACHÉE, *Seleucia Trachea* (Sélefkéh), capitale de la Cilicie Trachée, au S. E., près de la côte.

ANEMURIUM (Scalémura), la ville la plus méridionale de la Cilicie, près d'un promontoire du même nom.— HOMONADA (Érménack), place forte sur la frontière de l'Isaurie.— OLBIA, détruite, à l'E., vers la Cilicie de Plaines, dans l'intérieur des montagnes. Elle renfermait un temple de Jupiter, fondé, dit-on, par Ajax, fils de Teucer, et dont le pontife était souverain du pays.

339. 2° Dans la Cilicie de Plaines :

SÉBASTE, bâtie en l'honneur d'Auguste, dans la petite île d'*OElæuse*, à l'E. de Corycus, par Archélaüs, dernier roi de Cappadoce, qui la choisit pour sa résidence.

Tarse , *Tarsus* (Tarsous), capitale de toute la province. Elle était située sur le Cydnus, sur lequel Antoine donna des fêtes brillantes à Cléopâtre. Les sciences et les arts y étaient en aussi grand honneur qu'à Athènes et à Alexandrie.

Issus (Oseler), à l'E., célèbre par la victoire remportée par Alexandre sur Darius, l'an 333 avant J.-C. — A l'E. de cette ville se trouvaient, entre le mont Amanus et la mer, les Portes de Syrie, *Syriæ Pylæ*, défilé par lequel Alexandre entra en Syrie.

Corycus (Curco), au S. O., port où les empereurs romains entretenaient une flotte. — Près de là se trouvait un antre où Typhon, selon la Fable, avait enfermé Jupiter. — Soli, ensuite *Pompeiopolis*, au N. E. de l'île d'*OEleuse*, sur la mer. Pompée y plaça ceux des Pirates auxquels il avait laissé la vie.—Anchiale, au N. E. de Soli : on y voyait un monument érigé à Sardanapale.

Iles de l'Asie Mineure.

340. XIII. Iles de l'Asie Mineure. — Elles peuvent se diviser en îles de la Propontide, îles de la mer Égée, îles de la mer Icarienne, îles Sporades, et île de Cypre. Les principales étaient :

I. Dans la Propontide :

Proconnesos (Marmara), au S. O., avec une ville du même nom. Elle tire son nom moderne du beau marbre que l'on y trouvait.

341. Dans la mer Égée :

Lemnos (Lemno ou Stalimène), à l'O., grande île volcanique, sous laquelle Vulcain, précipité du ciel par Jupiter, avait, suivant la Fable, établi ses forges : aussi y était-il, ainsi que Bacchus, l'objet d'un culte spécial. Les Argonautes y abordèrent dans leur voyage et y prirent pour épouses les femmes de l'île, qui, peu de temps auparavant, avaient massacré tous leurs maris ; mais ils les abandonnèrent bientôt. Cette île était surnommée *Dipolis* à cause de ses deux villes : *Myrina* (aujourd'hui Palæo Castro), sur la côte occidentale, et *Hephæstia*, ou la ville de Vulcain, à l'E.

Ténédos (Ténédo), près de la côte de la Troade. C'est là, selon Virgile, que se cacha la flotte des Grecs pour surprendre Troie.

Lesbos (Mételin), au S. de Ténédos, l'une des plus belles et des plus grandes îles de la mer Égée, renommée par ses vins. On y trouvait *Mitylène* (Mityleni), au S. E., capitale, ville très-florissante qui fut la patrie de Pittacus, d'Alcée et de Sapho ; *Methymna* (Molivo), au N. E., patrie du musicien Arion ; *Eressus* (Eresso), à l'O., patrie du philosophe Théophraste.

Les Arginuses, *Arginusæ insulæ* (îles de Janot), au S. E. de Lesbos, célèbres par une victoire navale qu'y remportèrent les Athéniens sur les Lacédémoniens.

Chios (Scio), vis-à-vis de la presqu'île de Clazomène, fameuse par ses vins, les meilleurs de toute la Grèce. Sa capitale, qui portait le même nom, prétendait à l'honneur d'avoir donné naissance à Homère ; elle était la patrie de Théopompe, orateur et historien.

842. III. Dans la mer Icarienne :

Samos (Samo), vis-à-vis de la partie méridionale de l'Ionie, île très-fertile, très-riche et fort peuplée, avec une capitale du même nom, patrie du philosophe Pythagore. — Icaria (Nicaria), à l'O. de Samos ; île peu fertile, qui, ainsi que la mer Icarienne, tirait son nom d'Icare, qui s'était noyé aux environs.

843. IV. Sporades. — On donnait le nom de *Sporades* qui signifie dispersées, à un certain nombre d'îles répandues dans la mer de Carpathos, principalement sur les côtes de la Carie. Les principales étaient :

Patmos, au S. E. d'Icarie ; elle conserve aujourd'hui son nom. Saint Jean l'Évangéliste y fut relégué et y écrivit son Apocalypse. — Cos (Stanco), au S. E. de Patmos, île agréable et fertile, avec une capitale de même nom, qui faisait partie de la Doride, et qui a donné naissance à Hippocrate et à Apelles.

Rhodes, *Rhodus*, au S. de la Doride, la principale des Sporades, très-fertile, très-riche et très-puissante : elle avait

pour capitale une ville du même nom, célèbre par son co-
losse, par le siége qu'elle soutint contre Démétrius Poliorcète, qui ne put la forcer, et plus encore, au moyen
âge, par la résistance héroïque des chevaliers de Saint-
Jean de Jérusalem. — CARPATHOS (Scarpanto), au S. O. de
Rhodes ; elle donnait son nom à la mer qui l'entoure.

Outre *Rhodes*, on trouvait encore dans l'île de Rhodes les
villes de *Lindos, Camiros* et *Ialysos*, qui faisaient partie de la
Doride, et dont la première avait donné naissance à Cléobule,
l'un des sept sages.

344. V. CYPRE (île de Chypre). — Nous plaçons l'île de
Chypre, *Cyprus*, parmi celles de l'Asie Mineure, quoiqu'elle
dépendît autrefois de la Syrie, parce qu'elle n'est séparée de
la première que par le canal de Cilicie, et qu'elle fait aujourd'hui partie du gouvernement d'Itchil, dans la Caramanie.
Elle était particulièrement consacrée à Vénus. — Elle avait
pour villes principales :

PAPHOS (Baffa), au S. O. Il y avait deux villes de ce nom
peu distantes l'une de l'autre : l'ancienne, fameuse par un
temple de Vénus, et la nouvelle, plus au N. O., où saint Paul
convertit le proconsul romain Sergius Paulus.

SOLOE (Solea), au N. O., ville bâtie par un roi du pays, dans
une position avantageuse, d'après le conseil de Solon, dont elle
prit le nom. La présence de ce sage Athénien dans cette ville y
attira un grand nombre de ses compatriotes, qui, mêlés avec les
Cypriotes, commencèrent à parler un langage moins pur : d'où
est venu, dit-on, le mot *solécisme* pour désigner une expression
fautive : les auteurs ne décident pas toutefois si c'est à *Soles* de
Cilicie (339) ou *Soloe* de Cypre qu'il faut rapporter l'origine de
ce mot. — SALAMINE, *Salamis*, ensuite *Constantia* (Costanza),
au S. E., fondée par Teucer, fils de Télamon, roi de Salamine
en Grèce. — AMATHONTE, *Amathus* (Limasol), au S.; Vénus y
avait un temple superbe ; son territoire était rempli de mines.
— CITHIUM (Chiti), au N. E. d'Amathonte ; patrie du philosophe
Zénon, chef de la secte des Stoïciens.

SYRIE.*

345. Bornes, Montagnes, Fleuve et Villes principales.
— La Syrie, *Syria* (Cham), nommée dans l'Écriture *Aram*,
était bornée au N. par le Taurus, qui la séparait de la Cappadoce ; au N. O. par le mont Amanus, qui la séparait de la
Cilicie ; à l'O. par la mer Intérieure et la Phénicie ; au S.
par la Palestine et l'Arabie Pétrée, et à l'E. par l'Euphrate,
qui la séparait de la Mésopotamie. — Elle renfermait, vers le
S., les chaînes du Liban et de l'Anti-Liban, où croissaient
de beaux cèdres ; l'*Oronte* (Nahr-el-Asi) en était le fleuve principal. — La Syrie se divisait en plusieurs provinces, dont les
villes les plus remarquables étaient :

346. SAMOSATE, *Samosata* (Semisat), au N. E. sur l'Euphrate, capitale de la *Comagène*, province du nord, qui
forma quelque temps un royaume particulier. C'est la patrie
de Lucien.

347. ANTIOCHE, *Antiochia* (Antakiéh), capitale de toute
la Syrie, et longtemps même de tout l'Orient. C'est dans son
sein que les disciples de J.-C. prirent le nom de *Chrétiens*:
elle fut la patrie de saint Jean Chrysostome, du poëte Archias,
et, à ce que l'on croit, de l'évangéliste saint Luc. Germanicus
mourut dans un de ses faubourgs nommé *Daphné*, duquel la
ville tirait le surnom d'*Épi-Daphné*, c'est-à-dire *près de
Daphné*. On y trouvait un bois délicieux de lauriers et de
cyprès, avec un oracle d'Apollon.

APAMÉE, *Apamea* (Famiéh), au S. E., au bord d'un lac
formé par l'Oronte, capitale d'une province nommée *Apamène*, qui eut ses rois particuliers. Séleucus Nicator y nourrissait 500 éléphants. C'est la patrie du philosophe Posidonius.

SELEUCIA PIERIA (Kepséh), près de l'embouchure de l'Oronte.
Elle tirait son surnom du mont *Pierius*, branche du mont Amanus,

---

* Consulter, dans mon *Atlas à l'usage des collèges*, la carte de
l'Empire des Perses, de celui d'Alexandre et de l'Empire Romain.

au pied duquel elle était bâtie. — Immæ, au S. E. d'Antioche, remarquable par la victoire qu'y remporta Aurélien sur Zénobie, reine de Palmyre. — Emesa (Hems), au S. E. d'Apamée, à peu de distance de l'Oronte ; patrie d'Héliogabale, d'abord prêtre du soleil, ou *Élagabal*, qui avait un temple dans cette ville, et ensuite empereur romain. Zénobie fut défaite une seconde fois par Aurélien sous les murailles de cette ville.

348. Palmyre, *Palmyra* ou *Tadmor*, au N. E. d'Émèse, bâtie, dit-on, par Salomon, au milieu du désert, et qui devint la capitale de la *Palmyrène*, État riche et puissant, dont la dernière reine, Zénobie, femme d'Odénat, fut vaincue et prise par Aurélien, qui la fit conduire à Rome, chargée de chaînes d'or. Les ruines magnifiques de cette ville attestent son antique splendeur.

Damas, *Damascus* (Damas), au S. O. d'Émèse, capitale de la *Cœlésyrie*, ou *Syrie Creuse*, entre la chaîne du *Liban* et celle de l'*Anti-Liban*. Elle existait déjà du temps d'Abraham, et est encore aujourd'hui une des villes les plus florissantes de la Turquie d'Asie.

Héliopolis (auj. El-Bekâa), au N. O. de Damas, conserve les restes d'un très-beau temple du Soleil.

PHÉNICIE.*

349. **Bornes, Habitants et Villes principales.**—La Phénicie, *Phœnice*, bornée au N. par le *faux Eleuthéros*, n'était
qu'une côte assez étroite qui s'étendait le long de la mer Intérieure, nommée en cet endroit *mer de Phénicie*. Elle était
bornée au S. par la Palestine, et à l'E. par la Palestine et la
Syrie. — Ses habitants furent, dit-on, les inventeurs de la
navigation, de l'écriture et du verre; leur commerce leur
procura de grandes richesses.—Ses villes principales étaient :

350. Tripolis (Tripoli), au N. O. d'Héliopolis, ainsi appelée parce qu'elle se composait de trois villes bâties par des
colonies sorties des trois suivantes. Elle fut longtemps le séjour du gouverneur de la Phénicie pour les Perses.

Sidon (Saïda), au S. de Tripoli, longtemps la plus puissante ville de Phénicie, fameuse par ses verreries, par son
commerce et par sa corruption, suite de ses immenses richesses.

Tyr, *Tyrus* (Ssour), au S. de Sidon, dont elle était une
colonie ; capitale de la Phénicie, et l'une des plus florissantes
villes du monde, située d'abord sur le continent, puis transportée sur une petite île voisine par le roi Hiram, contemporain de Salomon. Prise et détruite par Nabuchodonosor,
572 ans avant J.-C., elle se rétablit et devint si puissante,
qu'Alexandre le Grand ne put s'en rendre maître qu'après un
siége très-pénible.

Aradus, au N., dans une île. Elle était fort peuplée, et les
maisons avaient plusieurs étages.— Bérot, nommée par les Grecs
Berytos (Beïrout), au S. de Tripoli, dans un territoire agréable
et fertile, surtout en excellents vins ; ruinée au VIe siècle par un
affreux tremblement de terre ; patrie de Sanchoniaton, historien
et philosophe, qui vivait, dit-on, avant la guerre de Troie. —
Acco ou Aca (Ptolémaïs, puis Saint-Jean d'Acre), sur une pointe
qui s'avance dans la Méditerranée à l'opposite du promontoire
qui termine la chaîne du mont Carmel.

---

* Consulter, dans mon *Atlas à l'usage des colléges*, les cartes de la
Palestine et de l'Empire d'Alexandre.

PALESTINE.

351. Noms, Bornes, Montagnes, Fleuve et Lacs. — La Palestine, *Palœstina*, nommée anciennement *Pays de Chanaan*, du nom de Chanaan, fils de Cham, qui la peupla, porta différents noms, savoir : *Palestine*, à cause des Philistins, qui en occupaient une partie ; *Judée*, du nom de la plus considérable des tribus d'Israël ; *Terre-Promise*, parce que Dieu avait promis aux patriarches de la donner à leur postérité ; *Terre-Sainte*, à cause des mystères de notre sainte religion, qui s'y sont opérés. — Elle était bornée au N. par la Phénicie et la Syrie ; à l'O., par la mer Intérieure ou Grande mer ; au S., par l'Arabie Pétrée ; à l'E., par l'Arabie Déserte. — Outre les chaînes du Liban et de l'Anti-Liban, dont nous avons parlé, et qui s'étendaient jusque dans la Palestine, on trouvait encore dans ce pays · le mont Carmel, *Carmelus mons*, à l'O., couvert de vignes et d'oliviers, et connu dans l'Écriture par le séjour qu'y ont fait les prophètes Élie et Élisée ; le *Thabor*, appelé par les Grecs *Itabyrios*, au centre, montagne très-élevée, qui domine la vaste plaine d'*Esdrélon*, et du haut de laquelle la vue s'étend jusqu'à la Méditerranée et jusqu'au lac de Tibériade : la tradition y place la scène de la transfiguration de Notre-Seigneur.

La principale rivière de la Palestine est le Jourdain, *Jordanis* (Chari'a), qui prend sa source au mont *Hermon*, chaîne de montagnes liée à l'Anti-Liban, et, coulant du N. au S., traverse le *lac de Génézareth*, appelé dans l'Ancien Testament mer de *Cénéroth*, et dans le Nouveau, mer de *Galilée*, ou lac de *Tibériade* ; et, après avoir arrosé presque toutes les tribus, va se perdre dans le *lac Asphaltite*, nommé aussi *mer Morte*, *mare Mortuum* (Bahr-el-Louth, mer de Loth). Les eaux bitumineuses de cette mer sont, dit-on, si pesantes et si épaisses, qu'un homme n'y enfonce que difficilement. Sur ses bords existaient jadis les cinq villes de *Sodome*, *Gomorrhe*, *Adama*, *Séboïm* et *Ségor*, détruites par le feu du ciel.

852. Divisions.—La Palestine fut d'abord divisée en *peuples*, sous les Chananéens; puis en *tribus*, sous les Israélites; en *royaumes*, après la mort de Salomon; et enfin en *provinces*, après la captivité de Babylone.

Les principaux peuples étaient : les *Chananéens* proprement dits, au N.; les *Jébuséens*, qui occupaient les environs de Jérusalem, appelée alors *Jébus*, au centre; et les *Amorrhéens*, au S.

Josué, en établissant les Hébreux dans la Terre-Promise, partagea le pays en douze tribus, qui portèrent les noms des fils de Jacob. Cependant ceux de Joseph et de Lévi ne paraissent pas dans cette division, parce que la postérité de Joseph eut deux tribus qui portèrent les noms de ses deux fils, Manassé et Éphraïm; quant à la famille de Lévi, réservée pour le sacerdoce, elle n'eut en partage aucun canton particulier, mais elle possédait quarante-huit villes répandues dans le territoire des diverses tribus, et nommées *villes Lévitiques*. Six d'entre elles, appelées *villes de Refuge*, servaient d'asile à ceux qui, sans le vouloir, avaient eu le malheur de tuer quelqu'un; ils n'en pouvaient sortir qu'à la mort du grand prêtre.

Après la mort de Salomon, la Palestine, qui jusqu'alors n'avait formé qu'un royaume, fut divisée en deux : celui de *Juda*, comprenant les tribus de Juda et de Benjamin, qui eut *Jérusalem* pour capitale; et celui d'*Israël* ou de *Samarie*, composé des dix autres tribus, et dont *Samarie* fut la capitale.

Après le retour de la captivité, ce pays fut divisé en quatre provinces, trois à l'O. du Jourdain, savoir : la *Galilée*, au N., la *Samarie*, au milieu, et la *Judée*, au S.; la quatrième, appelée *Pérée*, était à l'E. du fleuve. Nous joindrons à ces provinces le *Pays des Philistins*.

853. Villes principales :

1° Dans la GALILÉE, divisée en *Supérieure*, qui comprenait les tribus de *Nephtali* et d'*Aser*, et *Inférieure*, qui renfermait celle de *Zabulon* et presque toute celle d'*Issachar* (la première était aussi appelée *Galilée des Gentils*, parce que beaucoup de ses habitants n'étaient pas Juifs de nation);

SEPPHORIS, ensuite *Dio Cæsarea* (Séphouri), près du Carmel, la ville la plus considérable de la Galilée, du temps de l'historien Josèphe.

Nᴀᴢᴀʀᴇᴛʜ (Nazara), où résidait la mère de notre Sauveur.

Cᴀɴᴀ, où J.-C. fit son premier miracle.

Iᴏᴛᴀᴘᴀᴛᴀ, place très-forte que Vespasien assiégea, et où il prit l'historien Josèphe. — Cᴀᴘʜᴀʀɴᴀᴜᴍ, au N. du lac de Génézareth. J.-C. y fit plusieurs miracles. — Gᴇ́ɴᴇ́ᴢᴀʀᴇᴛʜ, au N. O. du même lac, auquel elle donnait son nom, et qui prit ensuite celui de *Tibériade*, d'une ville de ce nom, bâtie l'an **17** de l'ère chrétienne, en l'honneur de Tibère, par le roi Hérode Antipas, à la place de Génézareth.

354. 2° Dans la Sᴀᴍᴀʀɪᴇ, qui renfermait seulement la tribu d'*Éphraïm* et la demi-tribu de *Manassé* en deçà du Jourdain, et qu'il ne faut pas confondre avec le royaume de ce nom, qui était beaucoup plus étendu :

Cᴇ́ꜱᴀʀᴇ́ᴇ, *Cæsarea*, auparavant la Tour de Straton, *Turris Stratonis* (Kaïsarié), sur le rivage de la mer, bâtie par Hérode le Grand, et résidence des gouverneurs romains.

Sᴀᴍᴀʀɪᴇ, *Samaria*, ensuite *Sébaste* (Schénirouu), au S. E. de Césarée, capitale du royaume d'Israël.

Sɪᴄʜᴇᴍ, ensuite Nᴇᴀᴘᴏʟɪꜱ (Nabolos), au S. E. de Samarie, dans une vallée, entre les monts *Garizim* et *Hébal*. Elle devint la capitale de la Samarie, après la ruine de Samarie par Salmanazar. — Jᴇᴢʀᴀᴇʟ ou Eꜱᴅʀᴀᴇʟ, au N. E. de Samarie ; célèbre par la vigne de Naboth, par la punition d'Achab, et par la mort de la reine Jézabel.

355. 3° Dans la Jᴜᴅᴇ́ᴇ proprement dite, qui comprenait les tribus de *Dan*, de *Siméon*, de *Benjamin* et de *Juda*, et le pays des *Philistins* :

Jᴇ́ʀᴜꜱᴀʟᴇᴍ ou *Hierosolyma* (Jérusalem), au centre, dans la tribu de Benjamin, sur les confins de celle de Juda, fameuse par le temple de Salomon, et surtout par la passion de J.-C. ; elle était la capitale d'abord de toute la Palestine, et ensuite seulement du royaume de Juda. Détruite par Titus, elle fut relevée par Adrien, qui la nomma *Ælia Capitolina*. Elle conserve son ancien nom.

Jᴇ́ʀɪᴄʜᴏ (Eriha), au N. E. de Jérusalem, dans un pays couvert de palmiers, la première ville prise par Josué au delà du Jourdain. J.-C. y convertit Zachée.

Bethléem, au S. de Jérusalem, fameuse par la naissance de notre Sauveur et par celle de David.

Joppé (Joppé ou Jaffa), sur la mer Intérieure, le seul port de la Judée ; c'est là que s'embarqua Jonas. Andromède, suivant la Fable, avait été enchaînée à un rocher près de cette ville, et fut délivrée par Persée. — **Hébron** (Kabr-Ibrahim, tombeau d'Abraham), bâtie peu de temps après le déluge. Tout auprès était la vallée de *Mambré*, où habitèrent sous des tentes les patriarches Abraham, Isaac et Jacob.

356. 4° **La Pérée**, entre le Jourdain, à l'O., et l'Arabie, à l'E., renfermait la demi-tribu de *Manassé* au delà du Jourdain, et celles de *Gad* et de *Ruben*. On peut y comprendre encore quelques régions situées à l'E. du Jourdain, qui faisaient réellement partie de l'Arabie, mais qui, dans la suite, ont été annexées à la Palestine, et qui sont citées sans cesse dans l'histoire sainte : c'étaient du N. au S., la *Trachonite*, l'*Iturée*, l'*Auranitide*, le pays des *Ammonites*, celui des *Moabites*, et l'*Idumée* (359-360). Cette dernière, outre les *Édomites*, descendants d'Ésaü ou Édom, renfermait les *Amalécites*, ennemis jurés des Juifs. On trouvait dans tous ces pays peu de villes remarquables ; nous citerons seulement :

Bostra (Bosra), dans l'Auranitide, métropole de l'Arabie sous Septime Sévère, et patrie de l'empereur Philippe. — **Rabbath Ammon** (Ammon), capitale des Ammonites. — **Rabbath-Moab** ou **Aréopolis** (El-Raba ou Moab), capitale des Moabites.

357. 5° Le Pays des **Philistins**, les éternels ennemis des Juifs, auxquels ils furent assujettis par David, à l'O. de la Judée, sur la côte de la mer Intérieure, était divisé en cinq satrapies, dont les capitales étaient :

Ascalon, au S., et l'une des plus fortes places du pays ; patrie de Sémiramis et du roi Hérode. Dans ses environs croissait l'oignon appelé par les Latins *ascalonia*, dont nous avons fait *échalotte*.

Gaza, au S., près de la mer, conserve son nom. Elle tenait le premier rang parmi les villes des Philistins, et osa résister à Cyrus et à Alexandre.

Accaron ou **Ekron**, au N. ; le dieu Béelzébuth y était spécialement honoré. — **Geth** ou **Gath**, patrie du géant Goliath. — **Azot** ou *Azotus*, au S. O. des précédentes. C'est là que les Philistins placèrent dans le temple de Dagon l'*Arche sainte*, dont ils s'étaient emparés.

ARABIE.[*]

358. BORNES ET DIVISION. — L'ARABIE, *Arabia*, qui a conservé son nom et ses bornes, puisqu'elle s'étendait au N. jusqu'à la Palestine, et au N. E. jusqu'à la Mésopotamie et à la Babylonie, fut peu connue des Anciens jusqu'à l'expédition qu'y fit Ælius Gallus, sous le règne d'Auguste, environ vingt ans avant J.-C. Ce général, après avoir pris et pillé plusieurs villes, ramena, sans avoir pu faire aucune conquête, son armée presque entièrement détruite par les maladies et les fatigues. — L'Arabie est divisée par les géographes anciens en Arabie *Pétrée, Heureuse* et *Déserte*.

359. I. ARABIE PÉTRÉE. — L'ARABIE PÉTRÉE, *Arabia Petræa*, à l'O., sur le golfe Arabique, tirait son nom de la ville de PÉTRA. Les peuples qui l'habitaient étaient, outre ceux que nous avons nommés (356), les *Amalécites*, les *Ismaélites*, descendants d'Ismaël, fils d'Abraham et d'Agar, et les *Madianites*, descendants de Madian, fils d'Abraham et de Céthura. Ce pays renfermait les déserts de *Pharan* et de *Sin*, où errèrent pendant quarante ans les Israélites, après leur sortie d'Égypte, et particulièrement celui de *Sinaï* ou *Sina*, situé dans cette espèce de péninsule formée par les deux bras ou golfes de la mer Rouge. Celui de ces deux golfes qui est à l'occident se nommait *golfe Héroopolites* (Bahr-el-Soueïs), de la ville d'*Héroopolis* en Égypte ; l'oriental s'appelait *golfe Ælanites* ou *Ælanitique* (Bahr-el-Akaba), de la ville d'*Ælana*, nommée *Aïlath* dans les livres saints, en Arabie : il paraît que c'est vers l'extrémité septentrionale du premier qu'eut lieu le passage miraculeux des Israélites. Ce désert renfermait deux montagnes célèbres, savoir : le *Sinaï* ou *Sina* (Djébel-Tour), où Dieu donna sa loi à son peuple, et le mont *Horeb*, au N. O. du Sinaï, où il apparut à Moïse au milieu d'un buisson ardent, pour lui commander d'aller délivrer les Israélites.

---

[*] Consulter, dans mon *Atlas à l'usage des colléges*, la carte du MONDE ANCIEN.

260. VILLES. — Les plus remarquables étaient :

PÉTRA (Karac), au S. du lac Asphaltite, assiégée en vain par Démétrius Poliorcète, et qui était, au temps d'Auguste, la résidence du roi des *Nabathéens*.

ASIONGABER ou *Bérénice* (Kalaat-el-Akaba ou Minet-Idabad, port de l'or), au fond du golfe Ælanitique, port d'où partaient les flottes de Salomon pour aller à Ophir (362 et 429.)

MADIAN, au pied des monts Sinaï et Horeb, capitale des Madianites, et patrie de Jéthro, beau-père de Moïse. Quelques géographes la placent à l'E. du golfe Ælanitique.

261. II. ARABIE HEUREUSE. — L'ARABIE HEUREUSE, *Arabia Felix*, occupait tout le sud de la presqu'île ; elle était habitée par un grand nombre de peuples, parmi lesquels se faisaient remarquer les *Sabéens*, dont le pays produisait l'encens en abondance. Le café, plante inconnue des Anciens, assure aujourd'hui à ce pays autant de richesses que lui en procuraient autrefois l'encens et la poudre d'or qu'il fournissait aux peuples de l'Europe et de l'Asie ; c'était à ces dernières productions qu'il devait son nom d'*Arabie Heureuse*. — Ses villes les plus remarquables étaient :

262. SABA (Saada), au S. On croit qu'elle était la résidence de la reine de Saba, qui vint visiter Salomon.

MUSA (Moseli), aussi au S. Elle était l'entrepôt du commerce, comme Moka l'est aujourd'hui.

IATRIPPA (Médine), vers le golfe Arabique. — MACORABA (la Mekke), au S. de la précédente, fondée, dit-on, par Abraham. — Quelques géographes placent la ville d'*Ophir* dans ces régions, où l'on trouve encore un endroit nommé Dophir.

263. III. ARABIE DÉSERTE. — L'ARABIE DÉSERTE, *Arabia Deserta*, au N. E., s'étendait jusque dans la Mésopotamie. Elle était habitée anciennement, comme de nos jours, par des hordes errantes, qui font métier de piller les voyageurs. On les appelait, dans l'antiquité, Arabes *Scénites*, c'est-à-dire vivant sous des tentes. Ce pays renfermait aussi la tribu des *Sarrasins*, ou mieux *Agarasins*, descendants d'Ismaël, fils d'*Agar*, qui, d'abord très-faible, devint si considérable, qu'elle envahit tout le midi du continent, comme les Scythes ou Tartares se répandirent dans le Nord.

COLCHIDE.*

364. Position et Division. — La Colchide, *Colchis* (Géorgie, Daghestan et Chirvan, occupait tout l'espace compris entre le Pont-Euxin et la mer Caspienne, et renfermait trois pays : la *Colchide* propre, l'*Ibérie* et l'*Albanie*.

365. I. Colchide propre. — La Colchide propre (Mingrélie, Imiréthie et Gouriel), qui s'étendait le long du Pont-Euxin, à l'O., est célèbre par l'expédition des Argonautes, et par l'histoire de Médée. — Elle était arrosée par le *Phase*, *Phasis* (Rioni), et avait pour villes remarquables :

Æa, sur le Phase, aujourd'hui détruite : c'est là que régnait Æétès, père de Médée, et qu'était la toison d'or, enlevée par les Argonautes.

Phasis (Poti), à l'embouchure du Phase. — Cyta (Kutaïs), patrie de Médée.

366. II. Ibérie. — L'Ibérie, *Iberia* (Kakéthi et Karduel), à l'E. de la Colchide, avait, dit-on, été peuplée par une colonie d'Ibériens venus d'Espagne. Cette contrée fut quelque temps l'entrepôt des richesses de l'Inde, qui arrivaient par l'*Oxus* (Gihoun) dans la mer Caspienne, où il avait autrefois son embouchure, traversaient cette mer et remontaient le *Cyrus* (Kour), qui arrose l'Ibérie et l'Albanie, et se jette dans la même mer. — Ses villes les plus remarquables étaient :

Harmozica (Akhaltziké), sur le Cyrus, place forte, qui tenait le premier rang dans l'Ibérie.

Zalissa (Téflis), aussi sur le Cyrus.

367. III. Albanie. — L'Albanie, *Albania* (Daghestan, à l'O., et Chirvan, à l'E., le long de la mer Caspienne), fut, à ce que l'on croit, le berceau des Albanais d'Europe, qui furent transportés en Illyrie par Pompée. — Ses villes les plus remarquables étaient :

Cabalaca (Kablasvar), sur la mer Caspienne, au N., capitale.

Albana (Miasabad), à l'embouchure de l'*Albanus* (Samour), dans la mer Caspienne.

---

* Consulter la carte de l'Empire d'Alexandre.

ARMÉNIE.

368. Bornes, Montagnes, Rivières et Villes principales. — L'Arménie, *Armenia*, qui conserve aujourd'hui son
nom, était bornée au N. par la Colchide, l'Ibérie et l'Albanie; à l'O. par l'Euphrate, qui la sépare de la Petite Arménie,
dont nous avons parlé (329); au S. par la Mésopotamie et
l'Assyrie, et à l'E. par la Médie. — Cette contrée, où l'on
place le Paradis Terrestre, est couverte de montagnes, parmi
lesquelles on remarque le mont *Ararat* (mont Macis ou
Agri-Dagh), sur lequel s'arrêta, dit-on, l'arche de Noé*. Plus
au S. se trouvaient les monts Gordiens ou des Carduques,
Gordiæi ou *Carducorum montes*, habités par les Carduques, qui firent beaucoup souffrir les *Dix mille* dans leur
retraite. — L'Euphrate, *Euphrates*, le Tigre, *Tigris*, et le
rapide Araxe, *Araxes*, prenaient leur source au pied des
montagnes de ce pays, dont les villes principales étaient :

369. Tigranocerte, *Tigranocerta* (peut-être Sered) sur
une montagne, au S. de l'Arménie, dont elle fut la seconde
capitale. Fondée ou du moins embellie par le grand Tigrane,
elle fut presque aussitôt prise et ruinée par Lucullus.

Naxuana (Nakchivan), dans la vallée de l'Araxe, la première ville, dit-on, bâtie après le déluge.

370. Artaxata (Ardek), entre le mont Ararat et le lac Ly-
chnitis dans un repli de l'Araxe, bâtie par le conseil d'Annibal. Elle fut assez longtemps la capitale de l'Arménie.

---

* Cette opinion fort respectable, puisqu'elle est généralement adoptée
depuis bien des siècles, est cependant fort peu vraisemblable. Il résulte
des termes mêmes de la Genèse, chap. xi, vers. 2, que les descendants
de Noé habitèrent primitivement à l'orient du Tigre et de l'Euphrate,
c'est-à-dire probablement au pied des hautes montagnes de l'Asie
centrale, les plus élevées de tout l'univers (les monts Himalaya), et
que par conséquent, ce serait plutôt sur leurs sommets que se serait
arrêtée l'arche de Noé.

MÉSOPOTAMIE.

371. BORNES ET VILLES PRINCIPALES. — La MÉSOPOTA-
MIE, *Mesopotamia* (Diar-Behk), dont le nom signifie *au
milieu des fleuves*, était comprise entre l'Euphrate et le
Tigre; ces deux fleuves se rappochent tellement au S., qu'ils
ne laissent entre eux qu'un petit espace, que Sémiramis ferma
par un mur, qui séparait la Mésopotamie de la Babylonie.
— Ses villes principales étaient :

372. CARRÆ ou CHARRÆ, nommée dans l'Écriture *Har-
ran*, nom qu'elle a conservé. C'est de là que sortit Abraham
pour se rendre en Palestine. Crassus s'y réfugia après sa défaite près d'*Ichnœ*, et la quitta bientôt après pour gagner les
montagnes d'Arménie, où il fut joint par les Parthes, qui le
tuèrent, avec vingt mille de ses soldats, et firent dix mille
prisonniers.

CUNAXA, détruite, au S. E., sur l'Euphrate. C'est là que se
livra, 401 ans avant J.-C., entre Artaxerxès-Mnémon et
Cyrus le Jeune, la fameuse bataille dans laquelle celui-ci fut
tué en combattant et qui fut suivie de la célèbre retraite des
Dix mille Grecs, dirigée par Xénophon, qui en écrivit l'histoire.

RESAINA (Ras-Aïn), sur le *Chaboras* (Kabour); ville très-ancienne, célèbre par la victoire remportée par le jeune Gordien
sur Sapor, roi de Perse, l'an 243 de J.-C. — UR, la même, à ce
que l'on croit, qui fut appelée CALLI-RHOE, et qui prit successivement les noms d'ANTIOCHE et d'ÉDESSE (aujourd'hui Orfa); située au N. de la Mésopotamie, et si ancienne, qu'on attribuait
sa fondation à Nemrod. — NISIBIS (Nizbin), vers la source du
Mygdonius, appelée par les Grecs *Antioche de Mygdonie*, prise
par Trajan sur les Parthes.

ASSYRIE.

373. BORNES ET VILLES PRINCIPALES. — L'ASSYRIE propre,
Assyria (Kourdistan), qui tirait son nom d'Assur, fils de
Cham, et qu'il ne faut pas confondre avec l'empire d'Assyrie,
qui s'est étendu sur presque toute l'Asie, ayant au N. l'Armé-
nie, à l'O. la Mésopotamie, au S. la Babylonie, et à l'E. la
Médie. — Ses principales villes étaient :

274. Ninive, *Ninus* (Nino, en ruines, près de Korsabad), sur le Tigre, ville très-ancienne, bâtie, dit-on, par Assur, et dont on a sans doute exagéré l'étendue, en disant qu'elle avait 480 stades (89 kilomètres) de circuit. Cette capitale de l'Assyrie est célèbre par la fameuse prédiction de Jonas, qui engagea ses habitants à faire pénitence.

Arbèles, *Arbela* (Erbil), au S. de Ninive, fameuse par la bataille gagnée par Alexandre sur Darius, et qui mit fin à l'empire des Perses. Cette bataille, qui porta le nom d'Arbèles, avait été livrée à *Gaugamela*, qui en est peu éloigné.

BABYLONIE.

275. Bornes et Villes principales. — La Babylonie, *Babylonia*, appelée aussi *Chaldée*, surtout dans sa partie méridionale (Irak-Arabi), avait au N. la Mésopotamie et l'Assyrie; à l'O., l'Arabie Déserte, qui, avec le golfe Persique, la bornait aussi au S.; à l'E., elle touchait la Susiane. — C'est dans ce pays que se trouve la plaine de *Sennaar*, d'où le genre humain se dispersa dans le reste de l'univers, et où prit naissance la science de l'astronomie, dans laquelle les Chaldéens firent de grands progrès. — Ses principales villes furent :

276. Babylone (en ruine), sur l'Euphrate, l'une des plus grandes et des plus anciennes villes du monde, fondée par Nemrod, embellie par Sémiramis et par Nabuchodonosor; elle est célèbre par la captivité des Juifs et par la mort d'Alexandre le Grand. On croit que la tour de Babel se trouvait dans son enceinte, qui avait, comme celle de Ninive (374) 480 stades (89 kilomètres de tour).

Séleucie, *Seleucia*, bâtie sur la rive droite du Tigre par Séleucus Nicator pour ruiner Babylone, projet qui lui réussit. Séleucie devint une des capitales de son empire, et eut jusqu'à 600 mille habitants; mais elle fut détruite à son tour par le voisinage de :

Ctésiphon (Al-Madaïn), bâtie, aussi sur le Tigre, par les Parthes, qui en firent la capitale de leur empire. (On s'est servi des ruines de ces deux dernières villes pour construire celle de *Bagdad*.)

MÉDIE.

377. Bornes, Rivières et Villes principales. — La Médie, *Media* (Irak-Adjémi), était bornée au N. par la mer Caspienne, à l'O. par l'Assyrie, au S. par la Susiane et la Perse propre, et à l'E. par l'Arie et l'Hyrcanie.—C'est un pays froid et montagneux; elle se divisait en occidentale et orientale, et était arrosée par le *Gyndes* (Kara-Sou), que Cyrus fit diviser en 360 canaux, parce qu'il avait failli s'y noyer.

378. Ecbatane, *Ecbatana* (Hamadan), près du mont *Orontes* (Elwend); grande ville, capitale de l'empire des Mèdes, et ensuite l'une des quatre principales de l'empire des Perses, dans la Médie Occidentale.

Ragæ (Raï), au N. E. d'Ecbatane, fondée par Ninus; la seconde ville de la Médie, près de laquelle on trouve le défilé nommé *Pyles Caspiennes*, de 45 kilomètres de long, par lequel Alexandre entra dans le pays des Parthes. — Hecatom-Pylos (Damgham), à l'entrée des déserts, fut longtemps la capitale des Parthes, qui habitaient plus au nord.

SUSIANE.

379. Bornes et Villes principales. — La Susiane, *Susiana* (Khouzistan), était bornée au N. par la Médie, à l'O. par la Babylonie, au S. par le golfe Persique, et à l'E. par la Perse propre, dont elle était séparée par l'*Arosis* (Ab-Chirin), fleuve qui se jette dans le golfe Persique. — Le *Pasitigris*, que remonta la flotte de Néarque, amiral d'Alexandre, est le fleuve le plus remarquable de cette contrée, qui avait pour ville principale :

380. Suse, *Susa* (Chouster), à l'entrée d'une vaste plaine, capitale de la Susiane, et l'une des quatre de la Perse. Les rois de ce pays y passaient les hivers, qui y étaient fort doux, et y conservaient une grande partie de leurs trésors, dont Alexandre s'empara. C'est là qu'arriva l'histoire d'Esther, et que Daniel, dont on y montre le tombeau, eut ses visions prophétiques.

PERSE PROPRE.

381. Bornes et Villes principales. — La Perse propre, *Persis* (Farsistan), appelée dans les livres saints *Paras* et *Elam*, n'était qu'une province du vaste empire du même nom, qui fut détruit par Alexandre. — Elle était bornée au N. par la Médie, à l'O. par la Susiane, au S. par le golfe Persique, et à l'E. par la Carmanie. — Ses villes principales étaient :

882. PERSÉPOLIS (en ruines, près de Chiraz), l'une des capitales de la Perse, avec un magnifique palais brûlé par Alexandre, et dont on trouve des restes nommés *Tschel-Minar*, ou palais des Quarante Colonnes.

Près de Persépolis, à l'O., était la *Montagne Royale* (Nakchi-Roustan), où l'on voyait les tombeaux des rois de Perse.

PASARGADE ou *Pasargada* (Pasa) qui renfermait le tombeau de Cyrus. C'est là qu'un philosophe indien, nommé *Calanus*, se brûla sur un bûcher en présence d'Alexandre.

ECBATANE DES MAGES (Guerden), vers la frontière de Médie, construite par Darius pour les Mages. On y voit encore un fameux pyrée de Guèbres, ou adorateurs du feu, auprès d'une grande montagne nommée *Elbourz*, qui jette du feu.

CARMANIE.

883. BORNES, RIVIÈRES ET VILLES PRINCIPALES. — La CARMANIE, *Carmania* (Kerman et Laristan), était bornée au N. par de vastes déserts, où Cyrus et Sémiramis perdirent la plus grande partie de leurs troupes, en essayant de les traverser, et où l'armée d'Alexandre eut aussi beaucoup à souffrir : elle avait, à l'O., la Perse propre ; à l'E., la Gédrosie, et au S., la mer Érythrée, dont la côte était habitée par des peuples appelés Ichthyophages, *Ichthyophagi*, parce qu'ils se nourrissaient de poissons. — On ne trouve sur cette côte d'autre fleuve remarquable que l'*Anamis* (Mina), qui se jette dans la mer Érythrée, et à l'embouchure duquel Néarque fit mettre ses vaisseaux à terre et reposer ses troupes, tandis qu'il se rendait à *Salmus* (Mémaum), auprès d'Alexandre, qui le croyait mort. — Les principales villes étaient :

CARMANA (Kerman ou Sirjan), au centre, capitale.

384. ILES. — Le golfe *Carmanique* (détroit d'Ormouz) renfermait plusieurs îles, dont les principales étaient :

OARACTA (Kichmich), où était le tombeau d'Érythras, qui, dit-on, donna son nom à la mer Érythrée ; quelques géographes placent ce tombeau dans l'île d'ORGANA ou *Ogyris* (Ormouz), située au N. E. d'Oaracta, et où se retirèrent les habitants d'Harmozie, lors de l'invasion des Mongols, au treizième siècle.

HYRCANIE.

385. POSITION ET DIVISION. — L'HYRCANIE, *Hyrcania* (Mazanderan), s'étendait à l'E. de la Médie, sur les côtes méridionales et orientales de la mer Caspienne, qui prenait sur ces rivages le nom de *mer d'Hyrcanie*. Elle avait au S. de vastes déserts et l'Arie, et à l'E., la Sogdiane et la Bactriane. — Elle était très-fertile et comprenait plusieurs contrées, savoir :

386. 1° L'ASTABÈNE, à l'E. de la mer Caspienne, où se trouvait AZAAC (Azhor), première capitale de l'empire des Parthes, fondé par Arsace environ 250 ans avant J.-C., et qui, après avoir longtemps résisté aux Romains, finit sous le règne d'Artaban, vers l'an 227 de J.-C.

2° La PARTHIÈNE, berceau des Parthes, qui se sont ensuite étendus bien au delà des bornes de ce pays.

On y trouvait :

NISÆA ou *Parthaunisa* (Nésa), près de l'Ochus, capitale de la Parthiène et lieu de la sépulture des rois.

387. 3° La MARGIANE (partie du Khorassan), qui renfermait un canton d'une fertilité prodigieuse, et avait pour ville principale :

ANTIOCHE sur le *Margus, Antiochia ad Margum* (Merv-Shahigian), fondée par Alexandre sous le nom d'Alexandrie, et augmentée par Antiochus Soter, qui en fit une ville considérable et lui donna son nom.

ARIE.

388. POSITION ET VILLES PRINCIPALES. — L'ARIE, *Aria* (royaume de Hérat), située au S. E. de l'Hyrcanie, était traversée par une chaîne de montagnes nommées *Paropamises*, que les compagnons d'Alexandre appelèrent *Caucase*, et que l'on regarde comme une prolongation du Taurus. — Ses villes principales étaient :

ARTACOANA OU ARIE, *Aria* (Fuchendy), capitale, au N. E., sur la petite rivière *Arius* (Héri-roud). — ALEXANDRIE (Hérat), fondée par Alexandre, au S. E. d'Artacoana.

DRANGIANE.

389. POSITION ET CAPITALE. — La DRANGIANE, *Drangiana*, ou Annabon (partie de l'Afghanistan), au S. de l'Arie, avait pour capitale :

PROPHTHASIA (Zarang), au N. E. du lac Arien, *Aria* (aujourd'hui lac de Zerrah).

ARACHOSIE.

390. POSITION ET VILLES PRINCIPALES. — L'ARACHOSIE, *Arachosia* (Arokhage ou Khandahar), à l'E. de la Drangiane, avait pour villes principales :

ARACHOTOS (Rokhage), au S. O., fondée, dit-on, par Sémiramis, et première capitale du pays.

ALEXANDRIE (Skandarie d'Arokhage), fondée par Alexandre sur les bords de l'*Arachotos* (Lora), affluent de l'*Étymander* (Helmend), rivière qui se jette dans le lac Arien.

GÉDROSIE.

391. La GÉDROSIE, *Gedrosia* (Béloutchistan), au S. de l'Arachosie, le long de la mer Érythrée, dont la côte était habitée par des Ichthyophages, avait pour villes principales :

PURA (auj. Pourah), vers les frontières de la Carmanie, capitale. — CANASIDA OU *Tisa* (Tiz).

SOGDIANE.

392. BORNES. — La SOGDIANE, *Sogdiana* (Grande-Boukharie), à l'E. de la mer Caspienne, et renfermant le lac *Oxien* (lac d'Aral), avait pour villes principales :

393. MARACANDA (Samarkand), capitale, sur le *Polytimetus* (Sogd). Ce fut dans cette ville qu'Alexandre tua Clitus. Elle est célèbre pour avoir été, au quatorzième siècle, le siége de l'empire du fameux Tamerlan, qui en fit une des plus belles villes de l'Orient.

CYROPOLIS ou *Cyreschata* (Khodjend), fondée par Cyrus sur la rive gauche de l'Iaxarte, et la ville la plus reculée de son empire. Elle fut prise et détruite par Alexandre, qui bâtit encore plus à l'E. ALEXANDRESCHATA ou *Alexandria ultima.* Sur la rive opposée de l'Iaxarte, on montrait les autels de Bacchus, d'Hercule, de Sémiramis, de Cyrus et d'Alexandre, qui indiquaient que ces conquérants n'avaient pas été plus loin de ce côté. — NAUTACA (Karchey), où fut arrêté Bessus, meurtrier de Darius. Plus au N. E. se trouvait la roche de Choriène, *Petra Chorienis* ou *Sisimethræ,* forteresse où Alexandre prit Roxane, qu'il épousa dans la suite. Il ne faut pas confondre cette place avec une autre nommée *Petra Oxi* ou *Sogdiana,* au voisinage de l'Oxus, dont Alexandre s'empara avec 300 soldats, quoiqu'elle fût très-forte de sa nature, et défendue par Arimaze, à la tête de trente mille hommes.

BACTRIANE.

394. BORNES. — La BACTRIANE proprement dite, *Bactriana* (Tokaristan), au S. de la Sogdiane, avait pour villes principales :

395. BACTRA ou *Zariaspa* (Balk), capitale de la Bactriane, dont Ninus, roi d'Assyrie, s'empara, grâce au courage de Sémiramis, qu'il épousa dans la suite.

ALEXANDRIA, ou *Antiochia,* où furent gardés les prisonniers romains que les Parthes firent à la défaite de Crassus.

SARMATIE ASIATIQUE.

396. BORNES ET FLEUVES. — La SARMATIE ASIATIQUE, *Sarmatia Asiatica* (auj. la partie S. E. de la Russie d'Europe et le N. des provinces russes du Caucase), s'étendait au N. du Pont-Euxin et du Caucase, depuis le Tanaïs (Don) et le Palus-Méotide, à l'O., jusqu'à la mer Caspienne et la Scythie, à l'E.; les Anciens ignoraient ses bornes au N. — Ce pays était arrosé par le *Tanaïs* (Don), le *Rha* (Volga), et l'*Hypanis* ou *Vardanus* (Boug).

397. PEUPLES. — Les peuples les plus connus de la Sarmatie Asiatique sont les *Alains*, fameux par les ravages que, joints aux *Huns*, ils firent en Europe, lors de la décadence de l'Empire Romain. Ces peuples, ainsi que tous les autres de la Sarmatie, menaient une vie errante, comme les Scythes, dont on croit qu'ils descendaient.

A l'E. du Bosphore Cimmérien, on, remarquait, comme nous l'avons dit (29), le petit royaume grec du *Bosphore*.

SCYTHIE.

398. POSITION, DIVISION ET FLEUVE PRINCIPAL. — La SCYTHIE, *Scythia*, nom sous lequel les Anciens comprenaient tous les pays situés au N. de l'Asie, était divisée par eux en Scythie en deçà du mont Imaüs, *Scythia intrà Imaüm*, et Scythie au delà de l'Imaüs, *Scythia extrà Imaüm.*— Le seul fleuve que les Anciens citent dans ce pays est l'*Iaxarte* (Sihoun), que les Scythes appelaient *Silis*, et que les soldats d'Alexandre prirent pour le *Tanaïs.*

399. PEUPLES PRINCIPAUX. — 1° Dans la Scythie en deçà de l'Imaüs (Tartarie indépendante) :

Les MASSAGÈTES, *Massagetæ*, qui habitaient les plaines à l'E. de la mer Caspienne. Cette nation fut souvent en guerre avec Cyrus, qui tenta vainement de la soumettre. On dit que ces peuples tuaient les vieillards lorsqu'ils commençaient à avancer en âge, et qu'ils en dévoraient la chair.

Les Saces, *Sacæ*, au S. O. des Massagètes. Il paraît que ce fut ce peuple qui eut pour reine Tomyris, qui, selon le récit de Justin, aurait vaincu et tué Cyrus.

Les Issédons, *Issedones*, auxquels Hérodote attribue aussi l'horrible coutume reprochée aux Massagètes.

400. Les Argippéens, *Argippæi*, hordes sacrées voisines des Issédons et des Massagètes; ils habitaient le pied de montagnes très-hautes, se livraient aux pratiques religieuses et étaient les arbitres de leurs voisins.

Tous ces peuples, depuis le Pont-Euxin, paraissent avoir été assez bien connus des Grecs, qui fréquentaient cette mer, et qui commerçaient avec eux.

401. 2° Dans la Scythie au delà de l'Imaüs (Grand-Thibet et Kalmoukie), qui n'était connue que d'une manière fort imparfaite, se trouvaient :

Le pays des Casiens, *Casia regio* (dont le nom est resté à Kashgar), et l'Auzakitis, qui paraît être le pays situé au pied des monts Ac-Sou (au N. E. de Kashgar).

La Sérique, *Serica*, où les marchands grecs se rendaient, et d'où ils rapportaient la matière appelée *Serica*, si précieuse dans ce temps, qu'elle se vendait au poids de l'or dans l'Empire Romain, paraît avoir fait aussi partie de la Scythie au delà de l'Imaüs : cependant quelques géographes la placent dans le Petit-Thibet, la confondant ainsi avec le pays des Issédons qui avait pour capitale Issédon (probablement Iskerdon); mais l'opinion la plus probable est que Sera, capitale de ce pays, est aujourd'hui Séri-Nagar, ou Kachmir.

INDE.

402. Bornes. — L'Inde, *India*, qui tirait son nom du fleuve nommé *Indus* ou *Sindus*, qui en traverse une partie, était fort peu connue des Anciens avant l'expédition d'Alexandre, quoiqu'ils prétendissent que Bacchus et Hercule en avaient fait la conquête. Elle ne le fut même que fort imparfaitement encore longtemps après cette époque.— On lui donnait pour bornes, au N., les monts *Emodes* (Himalaya); à l'O., quelques peuplades scythes, l'Arachosie et la Gédrosie; au S., l'Océan Indien ; à l'E., la région des Sines. — Ses rivières principales étaient l'*Indus* (Sind) et le Gange, *Ganges*. La première reçoit : l'*Hydaspes*, sur les bords duquel Alexandre vainquit le roi Porus, qui essaya vainement de lui en disputer le passage, et où il fit construire, avec les sapins qui couvraient les montagnes voisines, la flotte sur laquelle il s'embarqua pour descendre l'Indus jusqu'à l'Océan ; et l'*Hyphasis*, qui fut le terme des conquêtes du même prince, qui s'arrêta sur la rive gauche, où il fit élever des autels et établir un camp, dans lequel les lits des soldats étaient d'une grandeur extraordinaire, pour donner une idée gigantesque de son expédition.

403. Division.— Les deux grands fleuves de l'Inde servaient aux Anciens à diviser cette vaste région en trois parties, savoir : l'Inde en deçà de l'Indus, *India cis Indum*; l'Inde en deçà du Gange, *India intrà Gangem*; et l'Inde au delà du Gange, *India extrà Gangem*.— Nous allons nommer les peuples et les villes les plus connus des trois parties.

404. I. Inde en deçà de l'Indus. — L'Inde en deçà de l'Indus (partie du Caboul et du Béloutchistan) était habitée par un assez grand nombre de peuples compris sous la dénomination d'*Indiens Citérieurs*, et parmi lesquels nous citerons seulement :

Les Assacènes, *Assaceni*, peuple puissant, au N. E., qui avait pour capitale Massaga (Hachtnagar), prise par Alexandre, qui en massacra les habitants, et y plaça ensuite une colonie. — On doit citer aussi dans le même pays une forteresse nommée AORNOS (près de Khanepour), qu'on disait n'avoir pu être prise par Hercule, et qui le fut par Alexandre, après une vive résistance.

405. On trouvait encore dans cette partie de l'Inde les villes suivantes : — NYSA ou *Dionysopolis* (Noughz ou Deva-Naoucha-Nagar, ville du divin Bacchus), sur le Cophen (Cow). On y adorait le dieu dont elle porte le nom. — XYLÉNOPOLIS, ou la ville de bois (Lahovi), construite par Alexandre sur une des branches les plus occidentales de l'Indus, pour protéger sa flotte. — Le PORT D'ALEXANDRE, *Alexandri portus*, dans lequel la flotte de Néarque resta vingt-quatre jours. — PATTALA (auj. Pir-Patta), à l'angle que forme l'Indus, en se partageant en deux branches principales; capitale de l'île *Pattalène*, formée par les deux bras du fleuve et l'Océan. C'est de là que partit Néarque pour se rendre par la mer et l'Euphrate à Babylone.

406. II. INDE EN DEÇA DU GANGE. — L'Inde entre l'Indus et le Gange (partie E. du Caboul et Hindoustan) renfermait les villes suivantes :

407. TAXILA (Manikiala), où Alexandre passa l'Indus.

BUCEPHALA, fondée par ce prince en l'honneur de son cheval.

LAHORA (Lahore), capitale du royaume de Porus.

SERINDA (Sir-Hind), d'où les vers-à-soie furent apportés par deux religieux à l'empereur Justinien.

408. NICÆA (vis-à-vis de l'île de Jamad), bâtie sur l'Hydaspes par Alexandre, après sa victoire sur Porus.

BARYGAZA (Baroutch), la ville la plus commerçante de cette contrée. Elle donnait son nom au golfe sur lequel elle était située (golfe de Cambaye).

PALIBOTHRA (Patelpouter), près de Patna, sur la rive droite du Gange, capitale d'un puissant empire fondé par Sandrochotus, l'un des compagnons d'Alexandre.—On trouvait dans cette partie de l'Inde : 1° à l'O., le *Pays des Oxydraques*, où Alexandre faillit perdre la vie;— 2° au centre, le vaste pays connu sous le nom de *Dachinabades* ou *Dechanabades* (Dékkan);— 3° enfin, au S. (sur la côte de Malabar), le pays de Pandion, *Pandionis regio*, qui tirait son nom d'un prince qui avait régné sur cette contrée terminée au S. par le promontoire *Comaria* (cap Comorin).

409. ILE. — Au S. de l'Inde, on place l'île de Taprobane, *Taprobana insula* (probablement Ceylan), qui paraît avoir été découverte par les Grecs peu de temps après l'expédition d'Alexandre dans l'Inde, et qui fut connue des Romains, sous l'empire de Claude, par la description que donnèrent à Rome des ambassadeurs envoyés par un des souverains de ce pays ; description évidemment exagérée, et qui avait fait croire aux Anciens que cette île était beaucoup plus étendue qu'elle ne l'est réellement.

410. III. INDE AU DELA DU GANGE. — L'Inde au delà du Gange (une partie du Thibet et presqu'île au delà du Gange) était encore moins connue des Anciens que la précédente. La seule contrée qui paraisse mériter quelque attention est celle qu'ils nommaient :

LA CHERSONÈSE D'OR, *Aurea Chersonesus* (presqu'île de Malakka), située entre le golfe du Gange, à l'O., et le Grand Golfe (golfe de Siam), à l'E. La plupart des interprètes de l'Écriture veulent que ce soit l'Ophir de Salomon ; mais cette opinion paraît peu vraisemblable. — On trouvait dans ce pays *Thinæ* (Ténassérim), avec un port nommé *Catigara* (Merghi).

PAYS DES SINES.

411. Le pays des Sines (royaumes de Siam et d'Annam) n'était connu des Anciens que de nom ; ils y comprenaient tous les pays à l'E. du Grand Golfe (golfe de Siam). Les peuples de cette contrée prirent le nom de *Tsins* ou Chinois, qui occupaient d'abord la Sérique, mais qui, vers l'an 230 avant J.-C., envahirent les pays dont nous parlons. — Il paraît que c'était de ces dernières contrées que les Anciens tiraient l'étoffe qu'ils appelaient *Sericum*, qui était une étoffe de soie, tandis que celle qu'ils tiraient de la Sérique, sous le nom de *Serica materies*, était peut-être l'étoffe nommée aujourd'hui *cachemire*.

AFRIQUE ou LIBYE.

412. Bornes et divisions. — Les Anciens n'étendaient pas le nom d'Afrique à tous les pays qu'ils connaissaient dans cette partie du monde, celui de Libye paraît avoir été le nom générique, tandis que celui d'*Afrique* appartenait plus spécialement au pays de Carthage. — Ses bornes étaient : le détroit de Gadès et la mer Intérieure au N., l'Océan Atlantique à l'O., le golfe Arabique et l'Océan Érythrée à l'E. Les Anciens ignoraient les bornes de l'Afrique au S., leurs connaissances ne s'étant pas étendues au delà du cap qu'ils nommaient la Corne du Midi, *Noti Cornu* ou *Notou Keras* (cap de Sierra Leone, ou même cap Roxo), sur la côte occidentale, et du cap *Prasum* (cap Delgado, ou peut-être même cap de Brava), sur la côte orientale.

L'Afrique se divisait en six grands pays, savoir : l'*Égypte*, l'*Éthiopie*, la *Libye*, l'*Afrique propre*, la *Numidie* et la *Mauritanie*.

ÉGYPTE.*

113. BORNES ET DIVISIONS. — L'ÉGYPTE, *Ægyptus*, appelée dans les livres saints *Misraïm*, a conservé ces deux noms, puisque les Européens l'appellent encore aujourd'hui Égypte, et les Turcs *Missir*. Ce pays, qui a été peuplé de bonne heure, et que l'on regarde comme le berceau des sciences et des arts, forme une vallée de 900 kilomètres de long, fertilisée par les inondations du Nil. — Elle était bornée au N. par la mer Intérieure ; à l'O. par les déserts sablonneux qui la séparaient de la Libye ; au S. par l'Éthiopie, avec laquelle elle ne communiquait que difficilement par des passages fort resserrés entre les rochers ; et à l'E. par de hautes montagnes qui la séparent de la mer Rouge. — Elle se divisait en trois parties : la *Basse-Égypte* ou *Delta*, au N. ; l'*Égypte du milieu* ou *Heptanomide*, au centre ; et la *Haute-Égypte* ou *Thébaïde*, au S. — Chacune de ces trois divisions comprenait un certain nombre de gouvernements appelés *Nomes*.

114. BASSE-ÉGYPTE. — La BASSE-ÉGYPTE occupait toute la partie septentrionale de l'Égypte, depuis l'endroit où le Nil commence à se diviser en plusieurs branches, et comprenait le *Delta*, île de forme triangulaire, renfermée entre les deux bras principaux du Nil, et qui donnait quelquefois son nom à la Basse-Égypte, parce qu'elle en formait la partie principale. — Ses villes remarquables étaient :

115. ALEXANDRIE, *Alexandria*, bâtie par Alexandre ; elle devint sous les Ptolémées, rois d'Égypte, une des villes les plus puissantes et les plus commerçantes du monde. Sa splendeur dura jusqu'à la découverte du cap de Bonne-Espérance, qui lui enleva le commerce de l'Inde. Un canal la faisait communiquer avec le Nil, et une chaussée, sur laquelle la ville actuelle est construite en grande partie, la joignait à l'île de *Pharos*, sur laquelle Ptolémée-Philadelphe fit con-

---

* Consulter, dans mon *Atlas à l'usage des colléges*, les cartes de l'ÉGYPTE et de l'EMPIRE ROMAIN.

struire une tour surmontée d'un fanal, pour éclairer les vaisseaux pendant la nuit : de là est venu le nom de *Phare* donné
à cet édifice et à tous ceux de ce genre.

CANOPE, *Canopus* (Rosette), sous le nom de laquelle on désigne quelquefois l'Égypte, à l'une des principales embouchures
du Nil. — TAMIATHIS (Damiette), sur la seconde embouchure
principale. — TANIS (près de Menzaléh), au S. de Tamiathis,
capitale d'un royaume particulier. C'est là que la famille de Jacob
fut établie par le roi d'Égypte, et que naquit Moïse. — PÉLUSE,
Pelusium (Tinéh, en ruines), à l'E. de Tanis, sur l'une des
branches du Nil; c'était une des clefs de l'Égypte, et la patrie
de Ptolémée, astronome et géographe.—BUBASTUS (Reel-Bastah),
appelée *Pibezet* dans l'Écriture. De là partait un canal qui allait
arroser les terres de l'isthme de Suez. — C'était aussi dans cette
partie de l'Égypte que se trouvaient le mont *Casius* (El-Kas),
auprès duquel Pompée fut assassiné, et le lac *Maréotis* (Birk-Mariout), dont les environs produisaient d'excellents vins.

416. II. MOYENNE ÉGYPTE. — L'Égypte du milieu, appelée aussi Heptanomide (Ouestaniéh), à cause des sept *Nomes*
ou gouvernements qu'elle renfermait, était au S. de l'Égypte
Inférieure et comprenait tout le centre de l'Égypte. — C'est
là que l'on voyait le lac *Mœris* (Birket el Keroun), bassin
agrandi par la main des hommes, et dans lequel se déchargeaient les eaux du Nil quand l'inondation était trop considérable ; le *Labyrinthe* (Athénas), construit par douze rois,
et formé de douze palais immenses qui communiquaient
entre eux ; et les fameuses *Pyramides*, monuments gigantesques élevés par les anciens rois d'Égypte pour leur servir
de tombeaux. — Les villes les plus remarquables étaient :

417. MEMPHIS (Menf, village situé près de ses ruines), la
seconde ville de l'Égypte, et capitale de l'Heptanomide, un
peu au S. du Delta.

HERMOPOLIS *la grande* ou la grande ville de Mercure (Achmouneyn), sur la rive gauche du Nil : on y trouve de beaux restes
d'antiquités. — ANTINOÉ, auparavant *Besa*, presque en face de
la précédente, offre des ruines magnifiques (près d'Ensené).
L'empereur Adrien la fit agrandir en l'honneur d'Antinoüs, son
favori, qui y mourut.

418. OASIS. — On regarde ordinairement comme faisant partie de l'Heptanomide les deux oasis connues sous les noms de *Grande-Oasis* (El-Kardjéh) et *Petite-Oasis* (El-Bahariéh), situées fort à l'O. du Nil. Ces oasis sont comme des îles de terrain fertile au milieu des déserts de sable. Les Grecs les appelaient les *îles des Bienheureux;* mais les Romains en faisaient un lieu d'exil.

419. III. HAUTE-ÉGYPTE. — L'Égypte Supérieure (Saïd), nommée aussi Thébaïde, de Thèbes, sa capitale, était située au S. de la précédente, et s'étendait au S. jusqu'à l'Éthiopie.

420. VILLES. — Les principales étaient :

THÈBES, *Thebæ* ou *Diospolis magna*, la grande ville de Jupiter, appelée par Homère la *Thèbes aux cent portes*. Cette ville immense occupait les deux rives du Nil. Fondée par Osiris, elle avait été la première capitale de l'Égypte ; mais elle fut détruite sous Auguste, et sur son emplacement furent construits des villages : on trouve encore, au milieu de ses ruines magnifiques, ceux de Louksor et de Karnak. Tout auprès sont les tombeaux des anciens rois de Thèbes, taillés dans le roc.

CHEMMIS ou *Panopolis* (Ekmin), grande ville sur les bords du Nil, patrie de Danaüs, qui conduisit une colonie à Argos, dans la Grèce.—PTOLEMAÏS HERMII (Menshré), grande ville grecque, fondée, par les Ptolémées, avec un temple de Mercure, sur la rive gauche du Nil.—TENTYRA (Denderah), qui renfermait des temples magnifiques, de l'un desquels a été tiré le zodiaque ou planisphère qui a été transporté à Paris en 1821. — COPTOS (Keft), à la droite du Nil, d'où partaient des routes qui conduisaient à *Myos-Ormos* et à *Bérénice*, deux ports de la mer Rouge, où les marchands s'embarquaient pour les Indes.—SYÈNE (Assouan), la ville la plus méridionale de l'Égypte, presque sous le tropique du Cancer ; il s'y trouvait un puits qui servait jadis à connaître le moment du Solstice d'été. Juvénal y fut relégué par Néron. — A l'E. du Nil se trouvaient les montagnes nommées *Basanites* (Baran), d'où l'on tire une pierre noire ou basalte propre à faire des vases et des ustensiles de ménage, et le mont *Smaragdus*

(Raz-al-Enf, ou le cap Nose), près de la mer Rouge. — C'est dans les grottes creusées dans les flancs de ces montagnes, et dans les déserts qui les avoisinaient, qu'habitèrent ces fameux solitaires qui ont rendu la *Thébaïde* si célèbre dans les premiers siècles de l'Église.

421. ILES. — Nous en citerons deux, qui se trouvaient dans le Nil, savoir : ELÉPHANTINE (El-Sag), qui renferme beaucoup d'anciens monuments ; PHILÉ (Géziret-el-Birbé, ou île du temple), où était placé le dernier poste des Romains sur cette frontière.

ÉTHIOPIE.

422. Pays qu'elle comprenait. — Les Anciens comprenaient sous le nom d'Éthiopie, *Æthiopia*, toutes les contrées de l'intérieur de l'Afrique, dont les habitants étaient noirs, depuis le golfe Arabique et l'Océan Érythrée, à l'E., jusqu'à l'Océan Éthiopien, à l'O. — Ils divisaient ces vastes contrées en *Éthiopie Intérieure* (Nigritie et Cafrerie), qui leur était entièrement inconnue, et en *Éthiopie au-dessus de l'Égypte*, sur laquelle ils n'avaient que des notions très-imparfaites. Nous ne parlerons que de cette dernière, à laquelle nous joindrons le pays appelé par les Anciens *Azania* et *Barbaria*.

ÉTHIOPIE AU-DESSUS DE L'ÉGYPTE.

423. Bornes et Habitants. — L'Éthiopie au-dessus de l'Égypte, *Æthiopia suprà Ægyptum*, ou *pays de Chus* (Nubie et Abyssinie), était bornée au N. par l'Égypte; à l'O., par la Libye Intérieure et l'Éthiopie Intérieure; au S., par cette même Éthiopie Intérieure et par l'Azanie; et à l'E., par le golfe Arabique. — Les Éthiopiens passaient pour les plus justes des hommes : aussi croyait-on que les dieux leur accordaient une longue vie. Ils formaient plusieurs peuples différents, dont les plus connus étaient :

424. Les Nobates, *Nobatæ*, qui occupaient d'abord le pays situé entre la Grande-Oasis et le Nil (Al-Kennim, dans la Nubie), et auxquels les Romains, sous Dioclétien, cédèrent sept journées de pays, qu'ils possédaient au S. d'Éléphantine, à condition qu'ils défendraient l'Égypte contre une autre nation nommée :

Les Blemmyes, *Blemmyes*, que les Romains menèrent plusieurs fois dans leurs triomphes à Rome, et qui étaient tellement difformes, qu'ils faisaient horreur à voir. On trouvait dans les pays habités par ces peuples les villes suivantes :

425. Pselcis (Ibrim), ville moitié égyptienne et moitié

éthiopienne, sur la rive gauche du Nil, la première de l'É-
thiopie occupée par les Romains.

Le Trésor de Cambyse, *Cambysis Ærarium*, sur la rive
gauche du Nil, au lieu où s'établirent les restes de l'armée
de Cambyse, avec le trésor de ce prince, après sa malheureuse expédition contre les Éthiopiens.

Napata, sur la rive droite du Nil, capitale des États de la
Candace, ou reine d'Éthiopie, qui envoya des ambassadeurs
à Auguste pour obtenir la paix, après l'expédition de Pétro-
nius dont les troupes pillèrent cette ville.

L'Ile ou, pour mieux dire, la presqu'île de Méroé, formée
par l'*Astapus* et l'*Astaboras*, les deux principaux affluents
du Nil, renfermait un des plus puissants royaumes de l'É-
thiopie, qui pouvait mettre sur pied jusqu'à 250 mille hommes. Il avait pour capitale : Méroé, sur le Nil, fondée, à ce
que l'on croyait, par Cambyse, roi de Perse.

Les Mégarares, *Megabari*, grande nation à l'O. du Nil
et de l'île de Méroé : elle avait quelques villes; mais la plus
grande partie était nomade, et se nourrissait de la chair des
éléphants.

Les Memnons, *Memnones*, autre grand peuple, qui habitait au N. de l'île de Méroé, entre le Nil et l'Astapus (partie
du Sennaar). On y recueillait le cinnamome, espèce de can-
nelle, et la myrrhe; c'est sans doute ce pays que les Anciens
désignaient sous le nom de Pays du Cinnamome, *Cinnamo-
mifera regio*.

426. On trouvait encore au S. de l'Éthiopie les villes suivantes :

Auxume (Axoum, en ruines), capitale du royaume des
Auxumites; elle offre de beaux restes d'antiquités. Ce fut la
première ville de l'Abyssinie qui reçut la religion chrétienne.

Semen, au S. d'Auxume, capitale d'une province qui a conservé son nom.

C'est au S. de ces pays, vers les sources du Nil, que les récits
fabuleux de l'antiquité plaçaient les *Pygmées*.

427. Rapprochons-nous maintenant des côtes; nous trou-
verons d'abord sur celles de la mer Rouge :

Les **Troglodytes**, *Troglodytæ* (côte d'Habesch), peuples qui tiraient leur nom de leurs habitations, qui étaient des cavernes, et dont une partie portait aussi le nom d'*Ichthyophages*. On trouvait près de cette côte une île nommée *Ophiodes*, l'île aux Serpents, ou *Topazos*, à cause des pierres précieuses appelées topazes, qui s'y trouvaient en abondance. Sur la côte étaient les villes suivantes :

Bérénice, surnommée *Panchrysos*, c'est-à-dire toute d'or, parce qu'elle était située au pied d'une montagne, où se trouvaient des mines de ce métal.

Adulis, sur un golfe auquel elle donnait son nom, port qui était comme l'entrepôt de toutes les marchandises de l'intérieur de l'Éthiopie, qui passaient de là en Arabie et en Asie.

Bérénice, surnommée *Épi-Diré*, d'un promontoire appelé *Diré*, situé près du détroit du même nom, qui faisait communiquer le golfe Arabique avec le golfe *Avalites*, formé par l'Océan Érythrée.

428. Les bords du golfe *Avalites* (côtes septentrionales du royaume d'Adel), étaient habités par les **Avalites**, *Avalitæ* (auj. les Somaulis), dont les principales villes étaient :

Avalites (Zeïlah), ville très-commerçante.

Mosylon, port d'où s'exportait le cinnamome, et le terme des conquêtes de Sésostris de ce côté.

Vis-à-vis du promontoire *Aromata* (cap Guardafui), situé à l'extrémité méridionale de cette côte, est placée une île nommée par les Anciens *Dioscorides* (Socotora).

Au delà s'étendait, le long de la côte de l'Océan Érythrée, la contrée désignée par les géographes anciens sous le nom de Barbarie, *Barbaria*, et dont l'intérieur portait celui d'A-zanie, *Azania*, d'où est venu le nom actuel (côte d'Ajan). On y trouvait :

Rapta (Bandel-Velho), à peu de distance de la mer, sur une rivière nommée *Raptus* (Doara). Cette ville faisait un grand commerce de dents d'éléphants.

Le pays qui s'étendait au S. était habité par des anthropophages.

429. Le cap *Prasum* (cap de Brava, suivant quelques géographes, et cap Delgado, suivant d'autres), paraît avoir été la limite des connaissances des Grecs et des Romains en Afrique; cependant quelques géographes placent beaucoup au S., dans le royaume de Sofala, sur la côte de Mozambique, le pays d'*Ophir*, d'où les flottes de Salomon rapportaient l'or et les parfums précieux. La richesse des produits de cette côte donne assez de poids à cette opinion.

LIBYE.

430. Bornes. — La contrée qui portait particulièrement le nom de Libye, *Libya*, était bornée au N. par la mer Intérieure, qui prenait sur ces côtes le nom de mer d'Afrique ou de Libye; elle avait à l'E. l'Égypte et l'Éthiopie, dont la partie intérieure la bornait aussi au S.; à l'O., elle touchait la Tripolitane, l'une des provinces désignées sous le nom d'Afrique propre. — On la divisait en deux parties : *Libye Maritime* et *Libye Intérieure*.

I. Libye Maritime.

431. La Libye Maritime, *Libya Maritima* (pays de Derne et de Barcah), occupait tout le nord de la Libye, le long des côtes, et s'étendait peu dans l'intérieur. — Elle se divisait en deux provinces : la *Marmarique*, à l'E., et la *Cyrénaïque*, à l'O.

432. I. Marmarique. — La Marmarique, *Marmarica*, était habitée par plusieurs peuples, la plupart nomades, dont les principaux étaient :

Les Adyrmachides, *Adyrmachidæ*, sur les bords de la Méditerranée, avec une ville nommée Paraetonium (Al-Barétonn), la seule remarquable que l'on trouvât sur la côte de la Marmarique.

433. Les Ammoniens, *Ammonii*, qui occupaient les oasis situées au milieu du désert, et dont la principale était celle que l'on nommait Hammon ou Amoun oasis (Syouah), où l'on trouvait le fameux temple de Jupiter, qui, avec les bâtiments qui l'entouraient, formait une espèce de ville. Alexandre le Grand faillit périr dans les sables avec son armée en allant la visiter.

434. II. Cyrénaïque. — La Cyrénaïque, *Cyrenaïca*, appelée aussi *Pentapole*, parce qu'elle renfermait cinq villes principales, s'étendait le long de la mer jusqu'à la *Grande Syrte*. — Les cinq villes étaient :

435. Cyrène (Kuren), grande cité grecque, qui donna

son nom à la province ; fondée par des habitants de l'île de Théra dans l'Archipel (391), 631 ans avant J.-C., et patrie du philosophe Aristippe et du poëte Callimaque. Elle fut la capitale d'un État qui resta assez longtemps indépendant, et résista toujours aux Carthaginois, qui eurent avec les Cyrénéens, au sujet de leurs frontières, une discussion terminée par le dévouement des frères Philènes, qui consentirent à être enterrés vifs au lieu qui prit le nom d'Autels des Philènes, *Philenorum aræ*, à cause des autels qu'on leur éleva ; ces autels marquaient la limite des deux territoires.

DARNIS (Derne), à l'E. de Cyrène. — APOLLONIA (Marsa-Souza), au N. E. de Cyrène, dont elle était le port. — PTOLÉMAÏS (Tolométa), au S. O. de Cyrène, ville riche et commerçante, avec un port. — BÉRÉNICE, auparavant HESPÉRIS (Bernic), au bord de la Grande Syrte. — Quelques Anciens plaçaient près de cette ville le *Jardin des Hespérides*, qui n'a jamais existé que dans l'imagination des poëtes.

436. Vers la Grande Syrte habitaient :

Les NASAMONS, *Nasamones*, qui vivaient de sauterelles. Ils furent anéantis par les Romains, sous le règne de Domitien.

Les PSYLLES, *Psylli*, qui étaient une autre nation, voisine des Nasamons. Ils prétendaient posséder le secret de charmer les serpents, ou plutôt de guérir, en les suçant, les blessures faites par ces reptiles.

II. LIBYE INTÉRIEURE.

437. La LIBYE INTÉRIEURE, *Libya Interior* (Grand désert du Sahara), s'étendait au S. et au S. O. de la Cyrénaïque, depuis l'Égypte, à l'E., jusqu'à l'Océan Atlantique, à l'O. Cette partie de l'Afrique était fort mal connue des Anciens et ne nous l'est à nous-mêmes que très-imparfaitement. Ses principaux peuples étaient :

438. Les GARAMANTES, *Garamantes*, à l'O. de l'Égypte et de l'Éthiopie, au S. de l'Égypte, séparés de la Libye Maritime par de vastes déserts de sable.

Les GÉTULES, *Gœtuli*, au S. de la Numidie et de la Mautanie, et à l'O. des Garamantes; ils s'étendaient, au S., jusqu'au *Niger* ou *Nigris* (Niger). Cette grande nation comprenait plusieurs peuples particuliers, tels que les *Autololes*, vers le rivage de l'Océan Atlantique; les *Gétules Daræ*, plus à l'E.; les Pérorses, *Perorsi*, et les Pharusiens, *Pharusii*, plus au S.; enfin, les Gétules noirs, *Melano-Gætuli*, et les Nègres ou Nigrites, *Nigritæ*, au S. du grand désert, sur les bords du Niger.

439. Une partie de la côte de l'Océan Atlantique fut découverte par Hannon, amiral carthaginois, que ses compatriotes chargèrent d'aller reconnaître ces contrées et d'y établir des colonies. On ignore l'époque de cette expédition, qui paraît s'être terminée, suivant quelques géographes, vers le cap des Trois-Pointes, et, suivant d'autres, vers l'embouchure de la rivière de Noun, à 750 kilomètres environ des colonnes d'Hercule.

440. On trouvait sur les côtes de l'Océan Atlantique plusieurs îles, dont les plus connues étaient :

CERNÉ (île Fédal ou île d'Arguin), avec laquelle les Carthaginois faisaient un grand commerce d'échange.

Les HESPÉRIDES, dont le nom signifie *Iles du Couchant* (Lancerote et Fortaventure, celles des Canaries qui se rapprochent le plus de l'Afrique).

Les ILES FORTUNÉES, *Fortunatæ insulæ* (les autres Canaries), qui devaient leur nom à la douceur de l'air qu'on y respire et à leur fertilité, avantages bien exagérés par les poëtes, qui y ont placé les Champs-Élysées.

AFRIQUE PROPRE.

441. Bornes et Divisions. — L'Afrique propre, *Africa* (régence de Tunis et de Tripoli), appelée aussi Afrique *Carthaginoise*, parce qu'elle renfermait le siége de cette fameuse république, était bornée au N. par la mer d'Afrique ou de Libye; à l'O., par la Numidie; au S., par la Gétulie, partie de la Libye Intérieure; et à l'E., par la Grande Syrte et la Cyrénaïque. — Elle se divisait en trois provinces : la *Tripolitane*, la *Byzacène* et la *Zeugitane*.

442. I. Tripolitane. — La Tripolitane, *Tripolitana* (régence de Tripoli), était appelée aussi *Syrtique* à cause de sa position entre les deux *Syrtes*. Elle tirait son premier nom de ses trois villes principales, savoir :

443. Leptis la Grande (Lébida, en ruines).

OEa (Tripoli), au N. O. de Leptis.

Sabrata (Sabart ou Vieux-Tripoli), colonie romaine, à l'O. d'OEa.

444. Vers la Petite Syrte se trouvait l'île de *Meninx* ou des *Lotophages*, c'est-à-dire mangeurs de lotos, avec une capitale du même nom. Le lotos est un arbre qui produit un fruit délicieux, bon à manger et à faire une boisson enivrante; on croit que c'est le *jujubier de Séédra*. Le nom de Lotophages était donné aussi à plusieurs peuplades de la Tripolitane, qui habitaient aux environs de la Petite Syrte.

445. II. Byzacène. — La Byzacène, *Byzacena* (partie de la régence de Tunis), au N. O. de la Tripolitane, avait au N. la Zeugitane. — Ses villes les plus remarquables étaient :

446. Byzacium ou *Byzacena* (Beghni), qui donnait son nom au pays voisin de la Petite Syrte dans laquelle les vaisseaux d'Énée, selon le récit de Virgile, furent jetés par une tempête.

Hadrumetum, Adrumète, ruinée, au N. E. de Byzacium, colonie phénicienne. Ce fut près de cette ville que César débarqua à son arrivée en Afrique.

446. ZAMA (Zara), près de laquelle se livra la sanglante bataille dans laquelle Annibal fut entièrement défait par le premier Scipion, l'Africain. Elle fut dans la suite la capitale du royaume de Juba.

447. THENÆ (Taïneh), la première place dont César se rendit maître en Afrique. — THYSDRUS (El-Jem), au N. de Thenæ, à quelque distance de la mer. C'est là que Gordien, proconsul d'Afrique, faisait sa résidence quand il fut proclamé empereur par les Africains conjurés contre Maximin. — LEPTIS la Petite (Lemta), au N. de Tysdrus, surnommée *la Petite* pour la distinguer de celle de la Tripolitaine : c'était néanmoins une ville considérable. — THALA ou *Thelepte*, au S. de la Byzacène, place forte où Jugurtha avait la plus grande partie de ses trésors et ses enfants, lorsqu'elle fut assiégée par Quintus Métellus ; ses habitants se précipitèrent dans les flammes plutôt que de se rendre. — CAPSA (Gafsa), au S. E. de Thala, place forte, prise et ruinée par C. Marius.

448. ILE. — On trouvait sur la côte de la Byzacène l'île appelée *Cercina* (Kerkeni), fertile en blé. Elle avait de bons ports et une capitale qui portait le même nom.

449. III. ZEUGITANE. — La ZEUGITANE (*Zeugitana*), partie occidentale de la régence de Tunis), s'étendait le long de la mer Intérieure, depuis la Byzacène, au S. E., jusqu'à la Numidie, à l'O.—Elle était arrosée par le *Bagradas* (Mégherda), le fleuve le plus considérable de l'Afrique propre, et célèbre par l'énorme serpent que l'armée de Régulus eut à combattre sur ses bords. — Ses villes principales étaient :

450. CARTHAGE, *Carthago*, colonie de Tyr, fondée par Didon, selon Virgile, et située sur une presqu'île, dans le golfe de Tunis. Devenue riche et puissante par son commerce, elle fut longtemps la rivale de Rome, qui, après trois guerres cruelles, finit par en triompher, et la renversa de fond en comble. Rebâtie depuis par Jules César, elle fut détruite de nouveau par les Arabes à la fin du septième siècle. Sa citadelle se nommait *Byrsa*, et son port *Cothon*. C'est la patrie de Térence, poète comique.

UTIQUE, *Utica* (Satcor), près de l'embouchure du Bagradas, colonie de Tyr et la première ville de l'Afrique propre après Carthage. Elle est célèbre par la mort du second Caton, surnommé *Caton d'Utique.*

Tunes (Tunis) était déjà une place importante quand Régulus s'en rendit maître. — Aspis ou Clypea (Kalybia), près de laquelle le consul Marcus Valérius défit sur mer les Carthaginois, et dont les consuls Régulus et Manlius firent une place d'armes pendant la première guefre Punique. — Hippo-Zarytos, Hippone-Zaryte (Byzerte ou Bensert), à l'O. d'Utique; colonie phénicienne. — Madaurus, détruite, dans l'intérieur; patrie du philosophe Apulée.

Lac. — Dans l'intérieur du pays se trouvait un lac qui portait le nom de marais *Tritonis,* d'où Minerve était appelée *Tritonia,* parce que cette déesse s'était, disait-on, montrée pour la première fois sur les bords de ce lac.

NUMIDIE.

451. BORNES. — Avant le règne d'Auguste, on comprenait sous le nom de Numidie (Algérie) tous les pays situés sur la côte de la mer Intérieure, depuis le *Rubricatus* ou *Tusca*, qui la séparait de l'Afrique propre, à l'E., jusqu'au *Molochath* ou *Malva*, qui la bornait du côté de la Mauritanie, à l'O. Ces pays avaient au S. la Libye Intérieure.

Ils étaient divisés en deux parties par l'*Ampsagas* (Ouadi-el-Kibir), fleuve qui coule du S. E. au N. O. et se rend dans la mer Intérieure. Les pays à la droite du fleuve étaient occupés par les *Numides Massyliens*, et ceux qui sont à sa gauche, par les *Numides Massésyliens*. Sous les Romains, tout ce qui est à la gauche du fleuve fut réuni à la Mauritanie, et en forma une des parties sous le nom de *Mauritanie Césarienne*. Nous la décrirons en parlant de la Mauritanie, et nous ne nous occuperons ici que de la partie qui conserva le nom de Numidie. — On y trouve le mont *Pappua* (mont Edoug), au N., où se retira Gélimer, dernier roi des Vandales, après avoir été vaincu par Bélisaire. — Ses villes principales étaient :

452. HIPPONE, *Hippo-Regius* (Bone), à l'E., sur un golfe qui porte son nom. Elle tire son plus grand lustre de saint Augustin, qui en fut évêque.

CIRTA, appelée *Constantina* (Constantine) par Constantin le Grand, qui la restaura. C'était la ville la plus riche et la plus considérable de la Numidie, surtout sous le règne de Massinissa et de ses successeurs dont elle était la capitale.

TAGASTE (Tajelt), au S. d'Hippone ; célèbre pour avoir donné naissance à saint Augustin, l'une des lumières de l'Église.

MAURITANIE.

453. Bornes et Divisions. — La Mauritanie, dans sa plus grande étendue, c'est-à-dire en y comprenant la partie occidentale de la Numidie, avait pour bornes la mer Intérieure et le détroit de Gadès, au N.; l'Océan Atlantique, au S. O.; et le fleuve Ampsagas, au S. E. Elle était séparée au S. du pays des Gétules par le mont Atlas. — Elle se divisait en deux provinces : la *Mauritanie Césarienne*, au S. E., et la *Mauritanie Tingitane*, à l'O.

454. I. Mauritanie Césarienne. — La Mauritanie Césarienne, *Mauretania Cæsariensis* (partie occidentale de l'Algérie), dont nous avons déjà parlé, avait pour villes principales :

455. Césarée, *Cæsarea* (Cherchell), sur la mer, capitale de la province et patrie de l'empereur Macrin.

Siga (Ned-Roma), à l'O., à peu de distance de la mer; elle était la capitale de Syphax, avant qu'il eût dépouillé Massinissa de ses États. On y trouve des restes d'antiquités romaines.

Sitifi (Sétif), dans l'intérieur, ville assez considérable, qui devint dans le moyen âge la métropole d'une province appelée Mauritanie Sitifienne, *Mauretania Sitifensis*.

Tubuna (Tubnah), vers le mont Aurasius; aux environs de cette ville étaient les Musulans, *Musulani*, peuple puissant qui se révolta sous l'empire de Tibère, qui eut beaucoup de peine à le réduire.

456. II. Mauritanie Tingitane. — La Mauritanie Tingitane, *Mauretania Tingitana* (empire de Maroc), qui s'étendait jusqu'à l'Océan Atlantique, à l'O., avait pour villes principales :

456. Tingis (Tanger), près du détroit de Gadès. Elle donnait son nom à cette partie de la Mauritanie dont elle était la capitale. On y montrait le corps d'Antée, regardé comme un géant étouffé par Hercule.

Septa ou Abyla, vis-à-vis de Gibraltar, sur une montagne que l'on regardait comme l'une des colonnes d'Hercule. — Lixus (Larache), sur l'Océan Atlantique, fondée par les Phéniciens, et augmentée par une colonie romaine. C'est là que l'on fixe le siége du royaume d'Antée; quelques auteurs y placent aussi le jardin des Hespérides.

C'est par cette partie de l'Afrique que les Arabes ou Sarrasins passèrent en Espagne, et c'est de là qu'ils ont tiré leur nom de *Maures*. Ils pénétrèrent jusqu'au sein de la France, où ils furent défaits complétement entre Tours et Poitiers, en 732, par Charles Martel, qui arrêta le cours de leurs conquêtes.

FIN.

TABLE ALPHABÉTIQUE

DES NOMS CITÉS DANS LA GÉOGRAPHIE ANCIENNE.

A

B

C

D

G

H

L

M

N

O

Q

R

Pages

Ruscino. 35
Rusellæ. 61
Rusellani, p. 61
Rutènes Libres, p. 32

S

U

V

	Pages		Pages		Pages
Vaccéens, p.	51	Veneti.	29	Viminacium.	75
Vagoritum, p.	29	VÉNÉTIE.	59	VINDÉLICIE.	44
Valentia.	36	— proprement		Vindiles, p.	42
VALLÉE PENNINE.	39	dite.	59	Vindilis, î.	30
Vallenses, p.	39	Venta Icenorum.	9	Vindobona.	45
Vallum Roma-		Venusia.	68	Vinnius (mont).	49
num.	41	Véragres, p.	39	Vintium.	39
Vangions, p.	19	Vercellæ.	57	Vistule, fl.	30
Vapincum.	37	Veroduniens, p.	21	Visurgis, fl.	40
Var, fl.	39	Verodunum.	21	Vivisques (Bitu-	
Vardanus, fl.	137	Véromanduens, p.	22	riges).	33
Vasates, p. et v.	33	Vérone.	59	Vocetius (mont).	24
Vascons, p.	51	Vesontio.	23	Vecontiens, p.	36
Vasio.	36	Vesunna.	23	Volaterræ.	61
Vectis, î.	11	Vésuve (mont).	66	Volaterrans, p.	61
Védiantiens, p.	39	Vettons, p.	83	Volces Arécomi-	
Véïens, p.	61	Vétuloniens, p.	61	ques.	35
Véïes.	61	Vetulonii.	61	— Tectosages.	34
Véliocasses, p.	27	Viadrus, fl.	42	Volsques, p.	65
Velitræ.	65	Vibères, p.	39	Vorganium.	30
Vellaves, p.	31	Vicentia.	60	Vosges, monts.	19
Vellavi.	31	Victoria.	10	Vulcania, î.	73
Venafrum.	67	Viducasses, p.		Vulcaniennes, îs.	72
Vénèdes, p.	14	et v.	28	Vulgientes, p.	37
Vénelles, p.	28	Vienna.	36	Vulsiniens, p.	61
Vénètes, p.	29	VIENNOISE.	35	Vulsinii.	61
— (îles des).	30	Vigenna, r.	30	Vulturne, fl.	67

X

Xanthe, fl.	105	Xanthus.	114	Xylénopolis.	146

Z

ZABULON (tribu		Zalissa.	123	Zarmizegethuza.	49
de).	123	Zama.	155	Zéla.	110
Zacynthe, î. et		Zancie.	71	Zephyrium, p.	70
v.	100	Zariaspa.	136	ZEUGITANE.	155

Paris. — Typ. de Mme Ve Dondey-Dupré, r. Saint-Louis, 46, au Marais.